AAPE

农业农村部规划设计研究院专业著作 专业著作
ACADEMY OF AGRICULTURAL PLANNING AND ENGINEERING, MARA

中国农业走出去

ZHONGGUO NONGYE ZOUCHUQU KONGJIAN XUANZE

空间选择

赵跃龙 石彦琴 刘祖昕 李纪岳 ◎ 著

中国农业出版社

北 京

前 言
FOREWORD

　　改革开放 40 多年来，我国经济社会发展取得辉煌成就，综合国力大幅提升。2010 年以来，经济体量增长至世界第二；经济增长速度居世界前列；外汇储备稳定在 3 万亿美元左右，居世界首位；对外投资存量规模为世界第二。农业对外投资规模稳步增加，对外投资布局不断优化，境外农业资源运筹能力和国际市场影响力不断提升。虽然国际四大粮商在全球农产品市场中占据重要地位，对全球主要农产品市场有很强的话语权，但是全球未开发农业资源仍然充沛。当前，中国农业发展走向全球仍然拥有巨大空间。非洲、东南亚、拉丁美洲及欧洲的俄罗斯仍然拥有大量待开发耕地，其中许多发展中国家农业生产能力还有待提高，我国在境外的生产能力、流通能力、服务能力等还有很多短板。当前，利用世界农业发展潜力空间，填补区域空白，衔接产业链条缺口，中国农业发展走向全球正逢其时。为加快推动农业走出去，2014 年 11 月，经国务院批准，农业部牵头建立了农业对外合作部际联席会议制度。同时，农业对外合作的政策支持体系加快构建，对外农业合作的规划体系加快完善。2016 年，农业对外合作部际联席会议明确提出创建境外农业合作示范区和农业对外开放合作试验区建设（以下简称"两区"建设）试点。2017 年首批"两区"建设试点启动实施，为企业走出去搭建境外、境内两类平台，以外带内、以内促外，形成推动农业对外合作的双轮驱动和高水平双向开放格局。

　　在做好农业对外合作服务农业农村部国际合作司的过程中，我们直接参与了农业走出去相关政策文件、农业对外合作规划的前期研究和起草工作，承担了"农业物流体系全球布局研究""中国农业对外合作布局研究"等课题工作，并作为全国首批农业对外开放合作试验区（以下简称"试验区"）创建、认定等工作的主要技术支撑力量，全面参与了"试验区"建设试点工作的前期调研、农业对外合作"两区"建设方案制定、管理办法起草、试点遴选评审以及试点年度评估等工作，为"试验区"试点顺利推进倾注了大量精力。此外，2011—2016 年，我们先后主持完成国家发展和改革委员会与国家开发银行委托的"中印农业合作规划"、"孟中印缅经济走廊"农业合作规划农业与扶贫专项、"中巴经济走廊"远景规划农业专项规划和"缅北农业开发研究"等规划研究任务，承担了农业部国际合作司委托的阿根廷、罗马尼亚、冥埔寨、缅甸、老挝、保加利亚、尼日利亚、埃塞俄比亚等重点国别农业合作规划研究，以及农业走出去企业委托的俄罗斯后贝加尔边疆区现代有机生态农牧业循环经济建设项目可行性研究报告等工作。为更好地服务我国农业走出去事业，支撑我国企业更好地开展农业对外投资，我们在全面细致梳理以往工作和研究成果的基础上，进一步凝练归纳后形成此书。

本书共八章。第一章是综述，对农业走出去的背景、总体现状进行了简要的论述。第二章是中国农业走出去动力分析，包括利用国际市场调剂市场余缺、农业领域优势产能合作、培育大型跨国企业集团和推动技术要素双向流动。第三章为农业走出去区域分布现状及国际经验，分析了农业走出去区域分布现状、典型国家农业走出去特点及经验和国外跨国企业的典型做法。第四章至第六章是全球主要农产品产业链现状。明确全球主要农产品产业链的现状，是农业走出去布局的基本前提。第七章是农业走出去空间选择，包括空间选择总体思路、区域空间总体选择及分区国别选择，并在区域空间总体选择的基础上，分析了重要农产品在相应区域内的供应能力。第八章是措施与建议，主要分析了农业走出去空间选择的保障措施，包括创新完善并落实支持政策、强化多双边机制保障、打造相关服务平台、发挥"两区"建设的示范和推动作用以及加强农业全产业链投资等。

由于农业走出去受到诸多不确定性因素的影响，且受掌握资料、信息和水平所限，书中难免会出现一些疏漏或不足，恳请国内外同行多提宝贵意见。

著　者

2020 年 5 月 10 日

目 录
CONTENTS

前言

第一章
农业走出去综述

一、走出去发展的主要阶段

1. 中华人民共和国成立后至 20 世纪 90 年代中期

从中华人民共和国成立到 20 世纪 90 年代中期，中国并没有明确走出去这一概念，对外投资多以"对外援助""外向型经济""对外贸易多元化""跨国经营""开拓国际市场""利用国外资源"等概念提出并付诸实施，整体处于萌芽起步期。

2. 20 世纪 90 年代中期至中共十八大以前

进入 20 世纪 90 年代，我国经济运行内外部环境发生深刻变化，资源环境压力凸显，经济全球化发展日趋深入。党中央在深入分析国际国内政治经济形势的基础上，提出实施走出去。1997 年，党的十五大提出，鼓励能够发挥我国比较优势的对外投资。2001 年，走出去被写入《国民经济和社会发展第十个五年计划纲要》，鼓励能够发挥我国比较优势的对外投资，扩大国际经济技术合作的领域、途径和方式。继续发展对外承包工程和劳务合作，鼓励有竞争优势的企业开发境外加工贸易，带动产品、服务和技术出口。支持到境外合作开发国内短缺资源，促进国内产业结构调整和资源置换。鼓励企业利用国外智力资源，在境外设立研究开发机构和设计中心。支持有实力的企业跨国经营，实现国际化发展。健全对境外投资的服务体系，在金融、保险、外汇、财税、人才、法律、信息服务、出入境管理等方面，为实施走出去创造条件。完善境外投资企业的法人治理结构和内部约束机制，规范对外投资的监管。可以说，走出去的目的更加明确，内涵进一步丰富。

3. 中共十八大以来

2012 年以来，随着我国总体经济实力的不断提升和走出去主体的发展壮大，走出去的区域进一步拓展，方向更加清晰，政策支持体系进一步完善。

"丝绸之路经济带"和"21世纪海上丝绸之路"（以下简称"一带一路"）沿线国家成为对外投资的新方向，促进我国重大装备和优势产能走出去的国际产能合作加速推进，中国企业对外投资更加积极，投资方式更加国际化，对外并购规模不断刷新纪录，境外投资企业以更加主动的姿态履行社会责任。推动产品、技术和标准走出去成为主线。支持企业境外并购、建立海外研发中心等，提高跨国经营能力；加强境外投资监管，规范企业经营秩序，坚决防止恶性竞争；注重履行企业社会责任，带动当地就业，加强人员培训，做好后续服务等成为管理层面和企业的共识。这为新时代做好对外投资工作指明了方向。可以说，实施走出去是关系我国经济社会发展全局和长远发展的重大决策，是我国面临国际国内新形势，更好地利用国际国内"两个市场、两种资源"的必然选择，是应对经济全球化挑战、提高我国经济实力和国际竞争力的必然选择。

二、中国对外投资的基本态势

1. 对外投资规模稳步扩大

我国对外投资居世界前列，在全球外国直接投资中的地位和作用日益凸显，对外投资大国地位日益巩固。2002—2018年，中国对外直接投资流量年均增长速度达28.2%，对外直接投资流量占全球比重已连续三年超过10%。2018年末，中国对外直接投资存量19 822.7亿美元，是2002年末存量的66.3倍，在全球中的占比由2002年的0.4%提升至6.4%，排名由第25位攀升至第3位。2019年，受中美经贸摩擦、世界经济增长放缓等因素影响，我国对外直接投资规模有所下降，据商务部、国家外汇管理局统计，我国对外全行业直接投资1 171.2亿美元，同比下降9.8%。其中，我国境内投资者共对全球167个国家和地区的6 535家境外企业进行了非金融类直接投资，累计投资1 106亿美元，同比下降8.2%。

2. 对外投资方式和结构不断优化

在投资方式上，越来越多的企业通过跨国并购、联合投资等新方式开展对外直接投资。在2018年新增22.0亿美元投资中，新建投资12.9亿美元（58.7%），并购投资9.1亿美元（41.3%）。在行业门类上，中国对外直接投资涵盖国民经济的18个行业大类，其中租赁和商务服务、金融、制造、批发零售等4个行业投资占比超7成，流向信息传输、科学研究和技术服务、电力生产、文化教育等领域的投资快速增长。租赁和商务服务、批发零售、金融、信息传输、制造、采矿六大领域存量规模占中国对外直接投资存量的85%左右。

3. "一带一路"沿线国家投资合作成效显著

目前，我国已经成为许多"一带一路"沿线国家的主要投资来源地，合作内容不断丰富，涵盖农林开发、能源资源、加工制造、物流运输、基础设施等多个领域；合作方式不断拓展，从传统的以商品和劳务输出为主发展到商品、服务、资本输出多头并进。2019 年，我国企业在"一带一路"沿线对 56 个国家非金融类直接投资 150.4 亿美元，同比下降 3.8%，占同期总额的 13.6%，主要投向新加坡、越南、老挝、印度尼西亚、巴基斯坦、泰国、马来西亚、阿联酋、柬埔寨和哈萨克斯坦等国家。对外承包工程方面，我国企业在"一带一路"沿线的 62 个国家新签对外承包工程项目合同 6 944 份，新签合同额 1 548.9 亿美元，占同期我国对外承包工程新签合同额的 59.5%，同比增长 23.1%；完成营业额 979.8 亿美元，占同期我国对外承包工程总营业额的 56.7%，同比增长 9.7%。

4. 实现了互利共赢和共同发展

对外投资的持续健康发展不仅带动了我国相关装备、技术、标准和服务走出去，也推动了国内经济转型升级，对供给侧结构性改革做出了积极贡献，有力促进了东道国和世界经济的增长，实现了互利共赢、共同发展。2012—2016 年，我国企业通过对外投资带动进出口 1.9 万亿美元，境外企业资产总额由 2.4 万亿美元增至 5 万亿美元；我国企业累计在境外纳税 1 372.5 亿美元，提供就业岗位年均超过 100 万个。例如，中国企业参与投建的柬埔寨西哈努克港经济特区已成为柬埔寨重要的纺织产品生产基地，对西哈努克省的经济贡献率超过 50%。

三、农业走出去的提出与发展

农业走出去是我国走出去的重要组成部分。总体来看，我国农业走出去可分为三个阶段。

1. 早期探索阶段（2007 年以前）

在早期探索阶段，我国农业对外直接投资的突出特点是大型国有企业基于援外项目在受援国发展农业投资。在明确提出实施农业走出去之前，我国企业已经自主开展了一系列农业对外投资合作项目。由于各国国情差异较大，农业发展水平参差不齐，农业对外投资项目处于摸索阶段，这一时期我国农业对外投资政策体系还未正式提出。2001 年《国民经济和社会发展第十个五年计划纲要》指出，"支持有条件的企业到境外上市。鼓励有比较优势的企业到境外投资，开展加工贸易，合作开发资源，发展国际工程承包，扩大劳务出口等"。这一阶段，我国农业对外直接投资流量从 2003 年的 0.9 亿美元增加到 2006 年的 1.9 亿美元，年均增长 29.3%，流量规模不大；农业对外直接投资存量翻了 1.5 倍，从 3.3 亿美元增长到 8.2 亿美元，年均增长 35%，增速较快。

2. 明确阶段 （2007—2014 年）

2007 年中央 1 号文件提出加快实施农业走出去，并赋予了其保障粮食安全的内涵。《国家粮食安全中长期规划纲要 （2008—2020 年)》《国民经济和社会发展第十二个五年规划纲要》对加快实施农业走出去、扩大农业国际合作提出了要求。2012 年，农业部首次制定专门针对农业国际合作的《农业国际合作发展"十二五"规划 （2011—2015 年)》。在国家层面的推动下，一揽子推动农业走出去的金融、财税、通关、检验检疫等政策陆续出台，初步形成了农业走出去政策框架，促进了农业对外投资快速增长。2007—2013 年，农业对外直接投资流量从 2.7 亿美元增长到 18.1 亿美元，增长了 5.7 倍；农业对外直接投资存量从 12.1 亿美元增长到 71.8 亿美元，增长了 4.9 倍。

3. 全面提速阶段 （2014 年以来）

为进一步促进农业对外合作，加快培育我国农业国际竞争新优势，2014 年底，农业部牵头建立了农业对外合作部际联席会议制度。2016 年 4 月，国家层面专门针对农业对外合作出台指导意见，为此后的农业对外合作提供了基本遵循。2017 年 1 月，农业部、国家发展和改革委员会、商务部编制出台农业对外合作"十三五"规划，为各部门和地方推动"十三五"农业对外合作明确了路线图。2017 年 5 月，在首届"一带一路"国际合作高峰论坛期间，我国对外发布《共同推进"一带一路"建设农业合作的愿景与行动》，提出在"一带一路"框架下与沿线各国及相关国际组织等开展深度农业合作、实现双赢多赢的中国倡议。一个意见、一个规划、一个愿景与行动的出台，标志着农业对外合作的顶层设计基本完成，农业走出去进入新的快速发展阶段。

四、农业走出去总体现状

总体来看，中国农业对外合作进展顺利、态势良好，初步形成了行业类别齐全、重点区域突出、投资主体多元的农业对外合作格局。

1. 对外投资总体呈增长态势

2013—2018 年，中国农业对外投资流量从 13.0 亿美元增长到 20.5 亿美元，年均增长 12.1%；投资存量从 37.1 亿美元增长到 173.3 亿美元，年均增长 36.1%①。从长期看，中国农业对外投资流量年际有波动，随着中国推进全面对外开放和农业走出去的不断深化，农业对外投资将保持增长趋势。

2. 投资区域进一步拓展优化

从投资存量看，目前中国对外农业投资项目覆盖六大洲、100 多个国家和地区，投资集中于东南亚、南美洲及澳大利亚、新西兰、俄罗斯等区域和国家。从投资流量看，中国对外农业投资进一步向亚洲和南美洲聚集，其中，2018 年对亚洲农业投资占比超过 50%，对南美洲农业投资占比由不足 3% 同比上升到 7%。"一带一路"沿线国家成为对外农业投资热点区域，到 2018年，中国企业对"一带一路"沿线国家的农业投资合作项目达到 657 个，投资存量达到 94.4 亿美元，较 5 年前增长 70%。

3. 投资主体结构进一步优化

据农业农村部对外经济合作中心统计，2018 年按照投资方式划分，中国在境外设立的 888 家农业企业中，具有境外企业类别数据的有 885 家。其中独资企业 541 家，占比 61.1%；合资企业 263 家，占比 29.7%；合作企业 53 家，占比 6.0%；其他企业 28 家，占比 3.2%。按照境内投资主体类型划分，开展农业对外投资的企业中，国有企业约占比 10%，民营企业占比 90%。从投资规模看，民营企业与国有企业之间的投资规模差距不断缩小。2015 年以前，民营企业是中国农业对外直接投资的主要力量，占农业对外直接投资流量的比例在 85% 左右，国有企业仅占 15% 左右。2015 年以来，随着国有企业农业对外直接投资规模较快上升，中国农业对外直接投资企业群体结构有所变化，国有企业与民营企业之间在年度投资流量上的差距不断缩小。

4. 外部风险和挑战日趋复杂

当前，全球农业大国之间的竞争日益激烈。发达国家依托跨国公司的垄断

---

① 数据来源：农业农村部对外经济合作中心《中国对外农业投资合作分析报告》（2015—2019年）。

力量，强化全球粮源、物流、贸易、加工、销售全产业链布局，进一步控制大宗农产品市场。境外各类自然、社会及政治等风险频发。农业项目本身周期长，风险高。发达国家进一步收紧中国投资进入门槛。在发展中国家，中国农业投资项目则易受到东道国政权更迭、基础设施落后、投资法律保障不足、土地政策和经济政策不稳定等因素干扰。保障境外企业、项目、资产及人员安全的压力长期存在。

第二章
中国农业走出去动力分析

一、利用国际市场调剂产品余缺

1. 对外农产品贸易情况

2001 年加入世界贸易组织以来，我国农产品贸易持续快速增长。据统计，2001—2019 年，农产品进出口额由 279.2 亿美元增长到 2 300.7 亿美元。目前，我国已成为世界最大的农产品进口国、第三大农产品出口国，农产品贸易规模居世界第二位。

贸易规模和贸易逆差不断扩大。2001—2019 年，我国农产品出口额由 160.7 亿美元增加到 791 亿美元，增长了 3.9 倍；进口额由 118.5 亿美元增加到 1 509.7 亿美元，增长了 11.7 倍，农产品进口增速整体快于出口增速。从 2004 年开始，我国农产品贸易由加入世界贸易组织时 50 亿美元左右的顺差转变为逆差，且逆差呈持续扩大态势，2019 年农产品贸易逆差达到 573.9 亿美元。

大宗农产品全面净进口。加入世界贸易组织以来，我国农产品进口进入全面增长时期，粮棉油糖、肉类、乳制品等进口量快速增加。以 2019 年数据看，谷物方面，小麦进口 348.8 万吨，同比增长 12.5%；玉米进口 479.3 万吨，同比增长 36.0%；大米进口 254.6 万吨，同比减少 17.3%。棉花进口 193.7 万吨，同比增长 19.0%。食糖进口 339.0 万吨，同比增长 21.3%。食用油籽进口 9 330.8 万吨，同比减少 1.3%，其中，大豆进口 8 851.1 万吨，同比增大 0.6%；油菜籽进口 273.7 万吨，同比减少 42.5%。食用植物油进口 1 152.7 万吨，同比增长 42.5%。畜产品进口 362.2 亿美元，同比增长 27.0%，其中，猪肉进口 199.4 万吨，同比增长 67.2%；猪杂碎进口 113.2 万吨，同比增长 17.9%；牛肉进口 166.0 万吨，同比增长 59.7%；羊肉进口 39.2 万吨，同比增长 23.0%；奶粉进口 139.5 万吨，同比增长 21.0%。

进口产品结构基本稳定。加入世界贸易组织以来，随着市场开放程度的提高、国内国际两个市场融合程度的加深以及出口能力的增强，中国农产品进出口结构日益符合农业比较优势的状况，进口以资源密集型产品为主，出口以劳动力密集型产品为主。进口方面，油籽及植物油、棉花、谷物等农产品进口快速增加，2001—2018 年，四类产品进口额占农产品进口总额的比重由 37.6% 降低到 31%；出口方面，水产品、蔬菜、水果等劳动密集型农产品出口总体稳定增长，三者出口额占同期农产品出口总额的比重由 45.5% 提高到 55.1%。

出口市场相对集中。近年来，我国农业贸易伙伴越来越多，贸易往来日益加深，贸易便利化程度不断提高，建立了一批具有广泛影响力的对外贸易促进平台，优势农产品出口市场多元化程度越来越高。但总的看，我国农产品出口市场集中度仍然较高。2018 年，对东盟、日本、中国香港和欧盟前四大出口市场的农产品出口额为 470.6 亿美元，占当年农产品出口总额的 59%。

2. 进口来源地分布情况

中国农产品进口额占全球农产品贸易额的 10%，其中七成左右的进口来自美国、巴西、澳大利亚及东盟、欧盟等农业生产大国和地区。分品种看，大豆、稻谷、玉米、小麦进口来源地集中。以 2017 年数据看，中国进口大豆超过 9 500 万吨、玉米超过 250 万吨、稻谷超过 390 万吨、小麦超过 430 万吨。其中，巴西、美国、阿根廷、乌拉圭、加拿大是对华大豆出口量前五位的国家；澳大利亚、美国、加拿大、哈萨克斯坦是对华小麦主要出口国家，出口量分别为 190 万吨、155.5 万吨、52.3 万吨、30 万吨；越南、泰国、巴基斯坦、柬埔寨是对华稻谷主要出口国家，出口量分别为 226 万吨、112 万吨、27 万吨、18 万吨；乌克兰、美国是对华玉米主要出口国，出口量分别为 182 万吨、76 万吨（表 2-1）。

3. 主要农产品供需预测

(1) 稻谷

稻谷是我国两大口粮之一，自给率保持在 100% 以上，总体保持供需平衡，进口稻谷主要用于满足消费结构升级需要。从生产看，随着农业供给侧结构性改革持续推进，我国水稻种植结构持续优化，南方地区"双季稻改单季稻"，进一步缩减了品质较差、单产较低的早稻和晚稻种植面积，有效增加了品质更好、单产更高的中稻种植面积。据国家统计局数据，2019 年我国稻谷总产量 20 961 万吨，同比减少 252 万吨，下降 1.2%。从消费看，据国家粮油信息中心发布数据，2019 年度国内稻谷总消费量为 19 410 万吨，较上年度增

表 2 - 1　主要粮食前二十大生产国产量、出口量及其对华出口量（单位：万吨）

玉米				稻谷				大豆				小麦			
国别	产量	出口量	对华出口量	国别	产量	出口量	对华出口量	国别	产量	出口量	对华出口量	国别	产量	出口量	对华出口量
美国	38 478	6 026	76	中国	21 109	120	—	美国	11 721	5 313	3 285	中国	13 170	—	—
中国	23 184	8.5	—	印度	15 876	1 200	—	巴西	9 630	6 700	5 093	印度	9 350	—	—
巴西	6 414	3 000	—	印度尼西亚	7 730	—	—	阿根廷	5 880	720	658	俄罗斯	7 329	4 000	1.8
阿根廷	3 979	2 600	—	孟加拉国	5 259	—	—	印度	1 401	—	—	美国	6 286	2 350	155.5
墨西哥	2 825	—	—	越南	4 344	580	226	中国	1 197	—	—	加拿大	3 049	1 623	52.3
乌克兰	2 807	1 950	182	缅甸	2 567	300	8.2	巴拉圭	916	600	—	法国	2 950	1 020	—
印度	2 626	—	—	泰国	2 527	1 148	112	加拿大	583	500	203	乌克兰	2 610	1 720	—
印度尼西亚	2 037	—	—	菲律宾	1 763	—	—	乌克兰	428	280	—	巴基斯坦	2 601	110	—
俄罗斯	1 531	574	—	巴西	1 062	85	—	玻利维亚	320	10	—	德国	2 446	—	—
加拿大	1 235	150	—	巴基斯坦	1 041	410	27	俄罗斯	314	—	50	澳大利亚	2 227	1 750	190
法国	1 213	—	—	美国	1 017	350	—	乌拉圭	330	—	257	土耳其	2 060	—	—
罗马尼亚	1 075	320	—	柬埔寨	983	63	18	意大利	108	—	—	阿根廷	1 856	1 050	—
尼日利亚	1 041	—	—	日本	804	1.2	—	印度尼西亚	97	—	—	哈萨克斯坦	1 499	750	30
埃及	800	—	—	埃及	630	—	—	南非	74	—	—	英国	1 438	—	—
埃塞俄比亚	785	—	—	尼日利亚	607	—	—	尼日利亚	59	—	—	伊朗	1 110	—	—
南非	778	—	—	韩国	562	—	—	塞尔维亚	58	—	—	波兰	1 083	—	—
匈牙利	741	—	—	尼泊尔	430	—	—	墨西哥	51	—	—	埃及	900	—	—
塞尔维亚	738	—	—	老挝	415	100	7	朝鲜	35	—	—	罗马尼亚	843	—	—
菲律宾	722	—	—	斯里兰卡	412	—	—	法国	34	—	—	意大利	804	—	—
意大利	684	—	—	马达加斯加	382	—	—	罗马尼亚	26	—	—	乌兹别克斯坦	694	—	—
合计			258	合计			398.2	合计			9 546	合计			429.6

注：产量基于 2016 年度数据，出口量基于 2017 年度数据。

加 80 万吨。从进出口看，2019 年度进口稻谷（根据大米进口量按 70% 折合率折算）350 万吨，与上年持平。根据《中国农业展望报告（2019—2028）》预测，未来几年，我国稻谷总产量将保持稳定，水稻种植面积先减后增，单产持续提高，总产量稳定在 2 亿吨以上。稻谷总消费量将保持增长，口粮消费保持增长，加工消费略增，种子消费和损耗略减，消费总量增加，仍将保持 100% 以上的自给率。

（2）小麦

小麦是我国两大口粮之一，产量占粮食产量的两成，近些年种植面积稳定在 3.5 亿亩[①]上下，产量在 1 300 亿千克左右，自给率保持在 100% 以上，总体保持供需平衡，进口小麦主要用于调剂品种余缺。从生产看，2019 年全国小麦产量 13 359 万吨，比 2018 年增加 267 万吨，增长 2.1%。从消费看，2019 年我国小麦消费同比减少，主要由于工业消费量下降。国家粮油信息中心公布的数据显示，2019/2020 年度国内小麦消费总量为 12 350 万吨，比上年度减少 532 万吨，减幅 4.1%。其中，食用消费为 9 230 万吨，比上年度减少 50 万吨，减幅 0.5%；饲料消费及损耗为 1 600 万吨，比上年度减少 200 万吨，减幅 11.1%；工业消费为 920 万吨，比上年度减少 280 万吨，减幅 23.3%。减幅较大的工业消费主要集中在淀粉、酿酒、工业酒精、麦芽糖和调味品等食品工业领域。在这些领域中，有部分可以用玉米替代，由于玉米与小麦差价较大，造成 2019/2020 年度小麦工业消费减少。从进出口看，2015—2018 年，我国小麦进口量基本稳定在 300～500 万吨，2019 年国内小麦进口数量 348.8 万吨，同比增长 12.5%，前五大进口来源地分别为加拿大、哈萨克斯坦、法国、俄罗斯、乌克兰，前五大进口来源地进口量合计占小麦产品进口总量的 94.8%。根据《中国农业展望报告（2019—2028）》预测，未来几年，小麦产量将缓慢增长，消费稳定增长，进口增长。预计到 2025 年，种植面积将稳定在 3.5 亿亩，产量在 1.3 亿吨以上，消费量 9 168 万吨，进口总量为 496 万吨，供需保持总体平衡。

（3）玉米

玉米是我国第一大粮食作物，产量约占 4 成，近些年种植面积稳定在 6 亿亩以上，产量在 2 500 亿千克左右，自给率保持在 90% 左右。从生产看，2019 年玉米种植面积为 62 625 万亩，较上年 64 610 万亩减少 1 985 万亩，减幅 3.07%；产量为 25 733 万吨，较上年下降 173 万吨，降幅 0.7%。从消费看，近年来玉米深加工产能继续扩张，工业消费量不断提高，库存去化快于预期。2018 年受非洲猪瘟疫情影响，玉米饲料消费降幅明显。2018/2019 年国内玉米

---

① 亩为非法定计量单位，1 亩＝1/15 公顷。——编者注

消费总量为 22 070 万吨，较上年度减少 1 930 万吨。其中，饲料消费 13 000 万吨，工业消费 7 500 万吨，种业及食用消费量为 1 220 万吨，损耗及其他为 350万吨。从进出口看，2019 年累计进口玉米 352 万吨，比上年增长 24.6%；出口 1.13 万吨，比上年下降 86.7%。根据《中国农业展望报告（2019—2028）》预测，未来几年，玉米供求关系将趋紧，但在市场机制作用下，产需缺口有望逐步缩小，供求关系将逐渐向基本平衡转变。消费稳定增长，进口出现上升。2020 年，种植面积将小幅降至 6.40 亿亩，单产增至 417 千克/亩，消费量为2.88 亿吨，进口总量为 400 万吨，出口量为 5 万吨；到 2025 年，种植面积将达到 6.67 亿亩，单产 458 千克/亩，消费量为 3.17 亿吨，进口总量为 600 万吨，出口量维持在 5 万吨左右。

（4）大豆

大豆在统计口径中属于粮食，国内大豆主要用于食用，种植面积和产量连续 4 年增加，2019 年分别达到 1.4 亿亩和 1 810 万吨。从生产看，近 20 年我国大豆种植面积和总产量保持相对稳定。2016 年以来，随着农业供给侧结构性改革的深入推进，2019 年启动实施大豆振兴计划，大豆种植面积连续恢复性增加。2019 年我国大豆种植面积 14 000 万亩，比 2018 年的 12 619 万亩增加1 381 万亩；单产达到 129 千克/亩，比 2018 年提高 2 千克/亩；总产量达到1 810 万吨，较 2018 年增加 209 万吨。从消费看，在我国食用植物油消费结构中，豆油、菜籽油、棕榈油和花生油分别约占 46.4%、21.5%、10.6%、9.6%，合计占食用油总消费量的 88.1%。根据农业农村部市场预警专家委员会发布的《中国农产品供需形势分析报告》，2019 年我国大豆消费量约为10 551 万吨，其中压榨消费 8 856 万吨，食用消费 1 317 万吨，种子消费 78 万吨，损耗及其他 310 万吨，占比分别约为 83.9%、12.5%、0.7% 和 2.8%。从进口看，2019 年，我国累计进口大豆 8 851 万吨，同比增加 0.5%，进口量仅次于 2017 年的 9 553 万吨，达到历史第二高。受中美经贸摩擦影响，我国大豆进口来源发生显著变化，2019 年进口美国大豆 1 694 万吨，比 2018 年增加 1.8%；进口巴西大豆 5 767 万吨，比 2018 年增加 12.7%；进口阿根廷大豆879 万吨，是 2018 年的 5 倍。根据《中国农业展望报告（2019—2028）》预测，未来几年，我国大豆种植面积、产量、消费量仍将进一步增加，进口量维持高位。预计到 2025 年，种植面积有望达到 14 991 万亩，单产 141 千克/亩，消费量为 11 465 万吨，进口总量为 9 067 万吨，出口量维持在 14 万吨左右。

（5）棕榈油

中国棕榈油供给基本依赖进口，从马来西亚和印度尼西亚进口的棕榈油占总进口量的 98% 以上。2002 年，我国开始对棕榈油实行进口关税配额管理制度。2006 年初，国家取消棕榈油进口关税配额，实行自动进口许可证管理，不限制进口数量，相关企业可以根据经营需要自行进口。2009—2018 年中国棕榈油进口量整体保持稳定，2015 年出现过下降，但是整体情况相对较好。2018 年棕榈油进口 532.7 万吨，同比增长 4.9％。在棕榈油消费方面，工业用途和食品用途是棕榈油的两个主要消费方向。2009—2015 年中国食品用棕榈油消费量有所下降，2015 年以后，又出现了上升。2018 年中国食品用棕榈油消费量为 310 万吨，较 2017 年上升 10.7％，占棕榈油总消费量的 57％；工业用棕榈油消费量占 43％。

（6）棉花

近些年，我国棉花种植面积维持在 5 000 万亩上下，产量在 600 万吨左右。从生产看，根据国家统计局数据，2019 年全国棉花种植面积为 5 010 万亩，比 2018 年减少 22.8 万亩，下降 0.5％；产量为 589 万吨，减少 21.3 万吨，下降 3.5％。其中，新疆棉花产量 500.2 万吨，比上年减少 10.8 万吨，下降 2.1％。新疆棉花产量占全国的 84.9％，较上年提高 1.2 个百分点。从消费看，据中国棉花协会统计，我国纺织原棉消费量保持在 800 万吨左右，其中国产棉约 600 万吨，进口棉约 200 万吨。中国的纺织产能在中美经贸摩擦的影响下往东南亚国家加速转移。此外，中国化学纤维和黏胶纤维生产项目不断投产，以价格和性能优势不断挤压棉花消费，使得棉花消费难以看到明显的增量驱动。从进口看，近年来棉花进口配额管理制度进一步完善，进口棉配额发放数量相对宽松，进口量大幅增加。2019 年我国进口棉花 184.9 万吨，同比增长 17.4％，进口棉纱线 195 万吨，同比减少 5.4％。受进口美棉加征关税影响，棉花进口结构有所调整，美棉进口比例下滑，巴西成为我国最大棉花进口来源国，占总进口量的 25％，其次为澳大利亚、美国、印度、乌兹别克斯坦。根据《中国农业展望报告（2019—2028）》预测，未来几年，中国棉花种植面积、产量将会下降，消费量呈波动下降趋势。预计到 2025 年，种植面积达到 4 600 万亩，单产 117.4 千克/亩，产量 540 万吨；消费量约为 750 万吨，进口总量为 210 万吨。

（7）食糖

中国是世界上重要的食糖生产国、消费国和进口国。糖料作物主要包括糖料蔗和甜菜，近些年糖料作物总种植面积维持在 2 400 万亩上下，总产量在 1.1 亿吨以上。其中，糖料蔗产量占 90％左右，主要集中在广西、云南。从生产看，近年来，在国内市场强劲需求的推动下，我国食糖产业整体保持平稳较快增长。2019/2020 榨季我国糖料作物种植面积 2 223 万亩，其中，甘蔗种植面积 1 864.5 万亩，甜菜种植面积 358.5 万亩；食糖产量 1 088 万吨，较前一榨季增加 12 万吨，其中，甘蔗糖 949 万吨，甜菜糖 139 万吨。从消费看，食糖消费主要分为工业消费和民用消费，其中，工业消费占比约 59％，民用消费为 41%。目前我国食糖人均消费量 11 千克/年，远低于 23 千克/年的世界平均水平。随着我国经济发展、人民生活水平的提高和食物消费结构的变化，食糖消费量有望稳步提升。根据《中国农业展望报告（2019—2028）》预测，未来几年，糖料作物种植面积、产量将会持续增加。消费量稳步增长，进口规模保持较高水平。预计到 2025 年，糖料作物种植面积保持稳定，单产有所提升，总产量 1 194 万吨，消费量为 1 676 万吨，进口总量达到 486 万吨。

（8）橡胶

受气候条件限制，我国天然橡胶产不足需，进口依存度高，自给率仅为 13% 左右。从生产看，近年来，在相关支持政策引导和巨大的市场需求拉动下，随着海南、云南、广东等地约 1 770 万亩的橡胶种植基地的加快建设，天然橡胶产业平稳发展。2018 年全国天然橡胶种植面积 1 742 万亩，同比减少 0.53%，约占世界天然橡胶总种植面积的 9.7%；开割面积 1 160 万亩，比上年上升 1.9%；产量约为 83.32 万吨，与上年基本持平。从消费看，2003 年起我国就成为全球最大的天然橡胶消费国，消费量稳定在全球的 1/3 左右，其中约 70% 的消费量用于汽车轮胎生产。2013 年以来，我国天然橡胶年消费量均在 300 万吨以上。2019 年全国消耗生胶 830 万吨，同比增长 13.7%。其中，天然橡胶 420 万吨，同比增长 21.7%；合成胶 410 万吨，同比增长 6.49%，橡胶工业销售收入达到 9 280 亿元。从进口看，2018 年我国进口各类天然橡胶合计 565.99 万吨，自泰国、马来西亚、越南和印度尼西亚等国进口约占 94%。专家预计，未来几年，我国天然橡胶种植面积将稳定在 1 800 万亩左右，产量稳定在 85 万吨左右。随着城乡居民消费结构升级，可能会进一步推动天然橡胶消费量增长。预计天然橡胶年需进口量稳定在 300 万吨左右，自给率稳定在 13% 左右。

（9）牛羊肉

近年来，国内牛羊肉产量均呈现持续增加态势，特别是羊肉产量增幅较为明显。从生产看，2019 年全国牛肉产量 667 万吨，比上年增加 23 万吨，增长 3.6%；羊肉产量 488 万吨，比上年增加 12.93 万吨，增长 2.5%。牛羊肉合计占肉类总产量的比重达到 15.1%，较上年增加 2.1 个百分点，其中，牛肉占比 8.7%，羊肉占比 6.4%。2014—2019 年，国内肉类总产量持续下降，年均递减约 2.8%，相比而言，牛羊肉产量则呈增长态势，年均增幅分别达到 1.6% 和 2.7%。从消费看，近年来，国内牛羊肉消费量持续增加，总量位居世界前列，但人均消费水平不高。全国人均牛羊肉年消费量约 3.6 千克/年，占肉类总消费量的 12%。2013—2018 年，全国人均牛羊肉年消费量累计增长了 0.9 千克/年，涨幅 37.5%。从进口看，我国是世界最大牛羊肉进口国，近年来牛羊肉的进口量快速增加。2019 年牛肉进口达 165.95 万吨，较上年增加 62.01 万吨，增长 59.7%；羊肉进口 39.23 万吨，较上年增加 7.33 万吨，增长 23.0%。随着人口增长和消费结构升级，牛羊肉人均消费量将继续增加，牛羊肉消费需求持续旺盛。按照 2016—2018 年牛肉、羊肉人均消费量年均分别增长 0.27 千克/年、0.09 千克/年测算，2020 年我国牛羊肉总消费量将达到 1 329 万吨左右，产需缺口为 168 万吨，较 2018 年扩大 32 万吨，需要进口弥补。预计到 2025 年，我国人口总数将达到 14.24 亿人，居民收入持续提高，牛羊肉消费需求呈现稳步增长的态势，但消费增速有所放缓。按照 2020—2025 年人均牛肉、羊肉消费年均增长量分别为 0.21 千克/年、0.09 千克/年计算，预计到 2025 年我国牛羊肉总消费量将达到 1 499 万吨左右，牛羊肉供需缺口将达到 249 万吨，较 2018 年扩大 113 万吨，需要进一步增加进口。

（10）水产品

我国是水产大国，也是世界上主要渔业国中唯一养殖水产品总量超过捕捞总量的国家。随着渔业资源养护利用力度加大，捕捞减量明显，2019 年养捕比达 78∶22。从生产看，近 10 年来，我国水产品的总产量呈现逐年平稳上涨的趋势，产量稳定在 6 000 万吨左右。2019 年全国水产品产量保持在 6 450 万吨左右，与上年基本持平。其中，近海捕捞约 1 000 万吨，比上年减少 5% 左右；养殖约 5 050 万吨，同比增长 1% 左右。从消费看，随着人们对健康水产的认识和消费能力的提高，水产品消费规模将不断扩大。从进出口看，我国是水产品出口大国，水产品出口额连续 17 年位居世界第一，出口额突破 200 亿美元。2019 年水产品出口总量为 418.6 万吨，比上年同期下降 1.6%，出口额 203.27 亿美元，比上年同期下降 7.6%。根据《中国农业展望报告（2019—2028）》预测，未来几年，中国水产品总产量预计稳中略增，国内消费和水产品贸易稳定增长。预计到 2020 年，水产品总产量 6 457 万吨，消费量为 6 616 万吨，进口 597 万吨，出口 438 万吨；到 2025 年，消费量预期增至 6 935 万吨，出口 447 万吨，进口 670 万吨。

（11）乳制品

近年来，我国奶业生产稳步发展，产需缺口继续扩大。从生产看，自 2008 年以来，生鲜乳产量几乎已经趋于稳定。根据国家统计局数据，2008—2018 年中国生鲜乳产量一直维持在 3 100 万吨左右。2019 年牛奶产量 3 201 万吨，与 2018 年相比，增长 4.1%，增速创下近 5 年新高。从消费看，尽管乳品消费近几年有了明显提高，但远未达到《中国居民膳食指南（2016）》推荐的人均每天 300 克的标准，不足亚洲乳品平均消费水平的一半和发达国家平均水平的 1/3，尤其是占全国人口一半的农村居民还很少或没有喝上牛奶，奶类消费增长蕴含着巨大潜力。从进口看，2019 年前 11 个月，我国共计进口各类乳制品 297.3 万吨，同比增加 12.8%，进口额 111.25 亿美元，同比增长

10.6％。随着奶业振兴的持续推进，优质奶源基地建设将进一步加强，奶业生产布局持续优化，优质饲草业不断发展，奶业生产发展的基础将更加坚实。预计 2025 年奶类产量将突破 4 000 万吨。随着现代奶制品流通体系逐步建立，乳品质量安全水平大幅提高，消费者信心显著增强，预计 2025 年消费量将达到 6 000 万吨，乳制品自给率将达到 67％。

二、农业领域优势产能合作

农业走出去是解决国内农资领域产能过剩的重要途径。我国在种子、化肥、农机、疫苗和饲料等农资领域实现了跨越式发展。

1. 种子领域

杂交稻种子仍然供过于求。2019 年全国杂交水稻制种收获面积 138 万亩，比 2018 年调减 31 万亩，减幅为 18％；种子产量约 24 万吨，比 2018 年减少 18％，加上期末有效库存 16 万吨左右，2020 年可供种子总量仍保持 40 万吨左右高位。从总需求看，优质常规稻挤压效应持续，直播稻、双改单、再生稻种植面积将继续增加，预计杂交水稻种植面积继续小幅调减。2020 年总用种量在 21 万～22 万吨，出口量稳定在 3 万吨左右，期末余种 16 万吨左右，仍将处于供过于求状态。

杂交玉米种子产需基本平衡。2019 年全国制种收获面积 256 万亩，比上年增加 19 万亩，增幅为 8％。其中，大田玉米 227 万亩，青贮玉米 26 万亩，鲜食玉米 3 万亩。2019 年新产种子 99 万吨，比 2018 年增加 6.8 万吨。从总供给看，期末有效库存为 65 万吨左右，加上 2019 年新产种子 99 万吨，2020 年春夏播玉米种子总供给量约为 164 万吨。

棉花种子供大于求。2019 年全国棉花繁制种收获面积 147 万亩，收获种子 15.310 万吨，分别比上年增加 27 万亩、3.121 万吨。综合考虑棉花价格补贴政策延续实施的可能性和商品棉市场处于景气区间，2020 年棉花种植面积将基本稳定，按常规棉种植面积 4 366 万亩、杂交棉 740 万亩测算，共需商品种子9.634万吨，棉花种子供给总量 18.097 万吨，种子供给显著大于需求。

总的看，我国种子国内供给充裕，同时具备较强的出口能力，开展种子领域对外产能合作具有很大潜力。

2. 化肥

我国肥料工业经过近 70 年发展，已经形成了一整套完整的工业体系，对保障我国农业用肥、促进农民增产增收起到了重要作用。目前，中国是世界化肥第一生产大国和消费大国，化肥产能和产量占世界的 31％，消费量占世界的 30％。化肥行业总体供大于需、产能过剩，落后产能逐步退出；2015 年开始，中国农用氮磷钾化肥（折纯）产量呈下降趋势，截止到 2018 年，中国农用氮磷钾化肥（折纯）产量为 5 459.61 万吨，同比降低 9.98％。随着农业绿色发展的持续推进，农用化肥需求量将逐步下降，相当一部分产能是亚洲、非洲一些发展中国家所需，也是对外开展合作的重点之一。

3. 农机

中国拥有全球最完备的农机装备产业体系和全世界最大的农机市场，但农机工业产能过剩问题较为突出。以拖拉机行业为例，目前中国年产值 2 000 万元以上规模的企业 200 余家，每年我国的市场需求大约保持在 200 多万台，平均到每个企业约为 1 万台。从企业的产能设计看，在 200 余家规模企业中，生产规模最小企业的产能也超过 2 万台，而诸如时风集团、中国一拖、福田雷沃、国际重工、五征集团、常林集团、常州东风这样的大型企业，年产能均在 10 万台以上，农机产能过剩可见一斑，亟须拓展海外市场。我国的农机有良好的性能价格比，在非洲国家有很强的竞争力。开展农机领域合作，提高非洲国家农业机械化率，有助于增强当地粮食生产能力，改善粮食安全状况。

4. 养殖领域

（1）疫苗

我国生物制品行业产能严重过剩，市场上动物疫苗产品的供给远大于需求，绝大多数生产企业产能利用水平处在较低的位置。据调查，2017 年，动物活疫苗和灭活疫苗的年生产能力分别为 5 120 亿羽（头）份和 800 亿毫升，产能利用率分别只有 27％和 31％。

我国动保企业的产品研发和生产优势要高于周边发展中国家，尤其是在动物疫苗领域，口蹄疫、禽流感等常见的畜禽、水产疫病防疫产品质量并不低于欧美公司的产品，且性价比高。因此，要鼓励中国兽用生物制品领先企业将国产动物疫苗产品出口国际市场，特别是亚洲、非洲发展中国家市场。

（2）饲料

我国饲料产能过剩也较为严重。大型饲料企业的开工率均在 50％左右，有的甚至不到 50％，这足以说明饲料行业存在严重的产能过剩问题。全国工业饲料产能接近 6 亿吨，而目前只有将近 2 亿吨的产量，其产能利用率仅 1/3 左右。换句话说，还有 4 亿吨的产能未释放。

饲料作为养殖业的必需品，在海外市场也有着巨大的发展空间。将我国先进的饲料配比技术与东道国的农作物资源优势相结合，将降低饲料产品在当地制造的成本，亦将提升东道国的养殖单位产量。因此，我国饲料（包括畜禽、水产饲料）龙头企业，尤其是已经在海外布局饲料业务的上市公司，也可抓住相关机遇，加速扩大其在东南亚、东欧、中亚等市场的份额。通过测算，动物保健的市场空间约为205亿元，饲料市场空间约为1 795亿元，养殖业领域合作的市场空间至少为2 000亿元。

三、培育大型跨国企业集团

从提高我国粮食产业链国际竞争能力的高度出发，应立足于国内、国外粮食产业领域的跨国粮食竞争态势，积极培育我国的国际大粮商，重点支持骨干企业做强，打造若干拥有知名品牌、能够与跨国企业抗衡的"大航母"。汇集政策资源，加强对大型跨国涉农企业的培育，增强企业国际竞争能力。重点根据我国涉农企业现状，尽快选择一批具有一定规模、发展基础较好、有从事对外农业投资开发的经验和基础并有较强经济实力的跨国涉农企业进行重点支持，培育一支具有一定国际竞争能力并有我国特色的农业走出去队伍，以带动我国农业产业整体竞争力的不断提升。其中，农垦企业和国家级农业产业化龙头企业应当作为优先考虑的对象。坚持市场化运作，推动优势企业通过跨地区兼并、重组等方式，整合资源，实现"强强联合""强弱联合"，进一步扩大生产规模、提高产业集中度。

一是主动参与全球市场竞争，对冲国际市场波动。目前，少数跨国农业公司垄断着全球农业市场。而我国涉农企业国际化经营和管理能力不足，如中粮集团有限公司（以下简称中粮集团）2012年销售收入281.9亿美元，仅占世界跨国粮商中排名第一的嘉吉公司的21%，相比之下规模较小，国际竞争力不强。应将大型企业作为我国实施农业走出去的载体，鼓励企业通过"绿地投资"和跨国并购等方式，在境外进行农业综合开发、农产品加工、仓储运输、市场营销，构筑以跨国经营为重点的全球粮油食品产业链体系，成为我国自己的国际大粮商，打破跨国农业公司的垄断，提升我国参与全球农业市场的能力。

二是增强海外资源运筹。小麦、稻谷等口粮必须主要依靠国内市场满足供给，而油脂油料、玉米、食糖等紧缺农产品则需要充分利用国际市场满足国内需求。只有获得境外农业资源开发的主动权，增强对全球农业产业链的控制力，才能防范、控制、化解单纯的农产品进口带来的风险。在我国紧缺农产品进口规模不断扩大的背景下，应该加大农业对外直接投资规模，形成在境外的国内紧缺农产品供应保障基地，保障境外农业资源输入的稳定性和自主性。

三是投资、贸易相互带动，形成大进大出、双向流动的内外粮食流通大格局。通过海外投资，建立起覆盖全球的粮食贸易和供应链网络，为保障国内农产品供给建立低成本、高效率的贸易渠道网络。

四、推动技术要素双向流动

1. 输出技术

技术输出型（technology exploiting）对外直接投资是企业在国外市场上充分利用其自身所具备的技术优势进行投资。中华人民共和国成立以来，经过长期努力和发展，我国农业科技水平不断提高，农业科技体系日臻完善，科技队伍逐步壮大，科技创新能力日益增强，农业科学技术工作取得了重大成就：在杂交水稻、水稻基因图谱、动物疫病基因工程疫苗等农业基础研究和高新技术研究方面不断取得新进展；在动植物优良品种选育、节水灌溉等一大批先进实用技术的研究和应用方面取得重大突破；植物细胞和组织培养、花药培养、单倍体育种及其应用研究处于国际先进地位。农作物品种杂交选育、生物防治、畜禽饲养、农产品加工储藏等农业实用技术在发展中国家广受欢迎，如杂交水稻、杂交玉米种子、动物疫病防控、疫苗生产、设施园艺、农业机械、沼气、农产品加工储藏等。应进一步发挥好农业领域技术优势，以扩大对外投资带动我国农业技术输出，帮助东道国提高农业技术水平和粮食生产能力，增加东道国的农产品供给。

2. 获取技术

与技术输出型的对外直接投资相对应，这种以获取东道国更为先进的智力要素、技术、信息等资源为目标，以提升企业技术竞争力为宗旨的跨境资本输出行为被称为技术获取型（technology sourcing）对外直接投资。2013 年双汇国际宣布收购全球规模最大的生猪生产商及猪肉供应商史密斯菲尔德的全部股份，收购金额约为 71 亿美元（约合人民币 437 亿元），史密斯菲尔德拥有 460座养殖场，与美国 12 个州的 2 100 家企业订有合同，史密斯菲尔德的技术、品牌与市场渠道对双汇国际具有重要补益作用。2017 年中国化工集团公司完成对国际种业巨头瑞士先正达公司的收购，收购金额达到 430 亿美元，这是迄今为止中国企业最大规模的海外收购项目。先正达在全球 120 个国家和地区拥有 111 个生产和供应基地以及 141 个研发基地；在 68 个国家和地区拥有 18 897 项发明专利，拥有近 30 种处于不同研发阶段的新农药产品；种子实验田每年推出 500 多种产品。因此，对先正达的收购可以提升中国企业的技术研发能力，以便与陶氏杜邦①、拜耳等其他行业巨头进行行业竞争。

---

① 陶氏杜邦是 2015 年陶氏化学和杜邦美国宣布合并后的新名称，科迪华为 2018 年陶氏杜邦农业事业部从陶氏杜邦拆分后起用的名称，后文无时效处统称陶氏杜邦，有时效处用科迪华。

第三章
农业走出去区域分布现状及国际经验

一、区域分布现状

1. 分布特点

《中国对外农业投资合作分析报告（2019 年度）总篇》数据显示，欧洲、亚洲是我国主要对外农业投资目的地。从投资流量看，2018 年，我国农业对外投资流量 22.0 亿美元，主要集中在欧洲和亚洲。其中，亚洲 7.2 亿美元，主要在老挝（2.4 亿美元）；欧洲 11.2 亿美元，主要在法国（7.0 亿美元）；大洋洲 1.9 亿美元，主要在澳大利亚（1.3 亿美元）；非洲 1.3 亿美元，主要在毛里塔尼亚（0.5 亿美元）；南美洲 0.2 亿美元，主要在智利（0.2 亿美元）；北美洲 0.2 亿美元，主要在美国（0.2 亿美元）。从投资存量看，截至 2018 年年底，我国农业对外投资存量达 197.2 亿美元。其中，亚洲投资存量 75.5 亿美元，主要在印度尼西亚（14.7 亿美元）；欧洲 71.3 亿美元，主要在瑞士（45.5 亿美元）；大洋洲 26.4 亿美元，主要在澳大利亚（15.3 亿美元）；非洲 12.2 亿美元，主要在毛里塔尼亚（2.7 亿美元）；南美洲 9.2 亿美元，主要在巴西（6.6 亿美元）；北美洲 2.5 亿美元，主要分布在美国（1.4 亿美元）和加拿大（1.0 亿美元）。

2. 存在的问题

投资贸易过于集中，进口来源渠道相对较窄。目前，中国农业对外投资分布在全球的 80 多个国家和地区，但是主要集中在亚洲、大洋洲、南美洲等区域的部分国家。大宗农产品进口来源选择余地较小，使得我国的海外投资的经济风险和政治风险加大，一旦某个地区发生经济或者政治波动，投资贸易环境恶化，必然给农业投资贸易合作带来负面影响。农业走出去离不开政府的鼓励和保护、支持和引导以及相关服务的提供，政府是农业走出去的重要保障。到目前为止，企业走出去呈现区域信息不对称、服务不对等问题，亟须从顶层加强设计，确定走出去的宏观布局，指导企业走出去。

具有国际竞争力的跨国农业企业较少。我国虽是农产品最大的生产国和消费国，但是农业产业集中度偏低，农业企业规模都相对较小，缺乏真正有国际竞争力的大型农业企业集团，不利于我国农业在更大范围、更广领域、更高层次进行资源整合，更不利于农业企业在全球范围内的农业布局。因此，我国应有一批强大的国家级的粮食生产、加工企业，打造有世界竞争力和国际话语权的龙头企业，使我国农业走出去布局更合理。

全球全产业链布局不完善。当今农产品国际市场竞争，不再是单个企业之间的竞争，已经上升到产业链层次之间的竞争。农产品价格形成源自产业链的每一环节及其增值。要拥有国际农产品贸易"话语权"，就要参与其中每个环节，或者控制其中核心环节，如农产品基地、境外陆地运输、港口建设以及海运价服务等。国际农业跨国公司利用资本、技术、规模等优势，通过控制农业生产及流通等关键环节，获取国际竞争的制高点，掌控国际农产品贸易。这种情况下，我国农产品进口对跨国企业产生较为严重的依赖，受制于人，市场和价格话语权不足。

二、典型国家农业走出去特点及经验

日本、美国、以色列作为农业对外合作的全球典型国家，其农业走出去特征各不相同。其中，日本是通过建立官民一体的海外农业投资模式实施海外农业战略，美国是大型国际农业跨国公司集中的典型国家，以色列农业走出去以技术输出为主要特色。

1. 共性经验

（1）政府加强政策支持

从 2009 年起，日本对其海外农业投资战略进行新的筹划，出台了《关于为粮食安全保障而促进海外投资的指示》，目的是建立全球粮食供应网络以满足自身粮食需求。为实现这一目标，日本政府积极与粮食出口国建立良好合作关系，鼓励企业进行海外投资，在主要产粮国构建粮食贸易网络。日本国际协力银行为符合条件的日本企业提供长期低息贷款。针对日本企业由于投资地战争、政权更迭以及其他不可抗力因素受到的损失，日本贸易保险公司提供多类型保险保障，降低其海外投资与贸易风险。

美国农业对外经济合作的顺利开展依赖于健全的政策和法规建设。在政策上，美国制定了《经济合作法》《对外援助法》等相关法律，通过美国农业部、美国国际开发署、美国进出口银行等机构支持企业从事境外农业资源开发。在方式上，将对外投资与外交相结合、援助与开发相结合，从文化、政治、经济、技术等多个方面帮助企业开展经营活动。如美国政府于 2000 年签署《非洲增长与机会法案》，要求非洲受益国致力于实现市场经济、政治多元化、知识产权保护、反腐败以及消除对美国的贸易和投资壁垒等，从而确保美国企业利益。

（2）制定双边或多边协定保护农业对外投资

日本政府通过与东道国签订经济合作和自由贸易协定，与粮食出口国建立合作关系，协调因政策和法律制度不同产生的分歧，为日本企业对外投资创造良好的经济和政治环境。从 20 世纪 50 年代开始，日本开始通过政府开发援助（ODA）等形式对非洲、拉美、东欧等地区提供农业援助，在实施国家援助项目过程中，充分考虑受援国的需求，从而在援助对方发展农业的同时，也发展了同当地政府、农业组织及民众的友好合作关系，有效改善了本国的粮食供给状况。

美国凭借其农业的比较优势，利用双边或多边贸易谈判，频频向其他国家施压，迫使对方降低关税、开放市场。美国自 20 世纪 80 年代开始对外商签双边投资协定（BIT），目前与 50 多个国家签订了双边投资协定。

双边技术合作是以色列科技计划对外开放的一个重要途径。在政府间科技合作协议的框架下，商谈合作项目时，以色列提出的或同意实施的项目基本上是与以色列科技计划高度相关的，农业科技计划对外开放是以色列农业部与外国政府农业部签订农业合作协议后，由农业部首席科学家办公室、以色列农业研究组织（相当于国家农业科学院）和希伯来大学农学院等单位与外国合作伙伴具体商谈和执行。

（3）设立专门机构服务农业对外投资

日本农林水产省下设立海外贸易开发协会，通过海外贸易开发协会向投资海外农业的日本企业提供财政预算支持。对于有意投资海外农业的日本民间企业，其投资的调查费用也有一半由日本政府提供。日本政府每年还发行 4 期《海外农业开发》，向企业提供海外农业投资信息。

美国农业部海外农业服务局（FAS）是为美国农业对外投资提供相关信息服务的官方机构。2004 年该机构公布了市场推进、海外市场开发和质量样品三个出口促进项目（计划）。三个项目拨款总额度约 1.6 亿美元，共有 71 个美国农业贸易促进组织获得了资金支持。其中，海外市场开发计划（FMD），也称海外市场开发合作者计划或合作者计划，该计划已有超过 50 年的历史，目前该计划的资助范围已覆盖所有美国农产品，市场开发活动遍布 100 多个国家，资助重点是一些具有行业代表性或拥有全国性会员的贸易组织，主要用来帮助美国农产品贸易组织消除进入海外市场的阻力，提高进口商的产品加工能力，推动海外市场取消或修订不利于美国农产品进口的法规和标准，或为美国农产品开辟新的市场或新的利用途径等。通过该计划，美国农业部已与很多美国农业贸易组织在海外市场开发和贸易促进方面建立了合作伙伴关系，通过这些机构熟悉东道国情况，及时且有针对性地开展布局。

以色列出口与国际合作协会（IEICI）是由以色列政府和私营部门支持的非营利组织，致力于促进以色列公司与国外机构间的业务往来，同时也承担着协助以色列商界开拓国外市场的职责。该协会提供信息和咨询服务，与以色列及世界各地贸易组织的外交官和商务参赞们保持紧密的工作关系，广泛联系并帮助以色列企业促进出口。该协会提倡的"以色列农业技术交钥匙工程"和商务交流平台——国际农业博览会，为以色列技术走出去起到了引导和示范带动作用。

（4）企业是走出去的主体

日本五大农业公司（丸红、全农、三菱、三井物产、伊藤忠商事）近年来开始加速在南美洲的巴西等农业大国增加投资。这一方面是为了日本国内自身的粮食供给安全考虑，另一方面，这些农业公司自身亦有其商业考虑。据日本农林水产省海外农业投资信息统计，日本五大农业公司在 2015 年在南美洲地区获得 2 200 万吨的粮食收购能力，是日本粮食进口总量的 3/4。

美国阿彻丹尼尔斯米德兰（ADM）、邦吉、嘉吉和法国路易达孚是全球四大跨国粮商，它们凭借自身强大的实力垄断了全球 80％的粮食交易量。跨国粮商还与农业生物科技公司联盟，垄断从种子研发、种植、收购、加工到物流和销售等的整个产业链。同时，美国等的跨国粮商还运用自己的运输系统实现资源的全球配置，从而降低采购、研发和销售成本。

以色列各类农业公司十分重视参与国际合作计划，它们通过农业相关领域的培训、项目开发、联合研究、技术专家交流等，使以色列自主专业成果得以在世界各国转化，同时积累了丰富的知识和经验，反过来又促进以色列研发出适应基础设备不完善、自然条件不利条件下的农业生产设备，如重力滴灌套件、粮库解决方案、节水和能源管理方案等。

2. 特色经验

（1）日本"官民一体"多渠道获取信息

日本各相关政府机构、金融及保险公司等，均会为日本企业提供各种关于投资机会、区域发展、商业、政策、农业、技术等方面的信息，以及各种关于投资地的研究报告，为日本企业制定走出去战略提供充分、翔实的信息和参考建议，以备在发生突发事件时，能够迅速、及时地找到替代粮源。

（2）日本以农业产业链上下游为主进行布局

日本不直接在海外农场种植玉米、大豆等大宗作物，而是通过与当地农户签订购买合同的方式来确保供应。因此，日本在东道国几乎没有完全独资的农场，大部分以共同出资的方式与当地人合作经营。在投资比例上，外国政府以提供土地等方式出资51％，日本以提供农业机械、基础设施的方式出资49％。2006年，在山东成立的朝日绿源有限公司的生产销售模式就是如此。此外，日本企业通过与多个跨国公司相互参股的方式，降低海外投资的政治和社会风险。2006年，日本三井物产与美国最大的农业合作组织（CHS）、巴西的PMG贸易公司联合成立合资公司，由于美国、法国控制了巴西大豆的生产流通，日本也通过合作逐步渗透巴西大豆生产的各个环节，保障本国大豆供应。

（3）美国从价值链角度进行农业走出去布局

美国农业走出去布局全球，资源配置力强。美国芝加哥交易所集团是真正的世界农产品的定价中心，掌握了世界农产品的定价权，在对外贸易中占据有利地位，并且能够将这种优势转化为巨大的利益。

（4）以色列以技术输出为主进行对外投资布局

以色列农业技术以密集型创新系统研发为主要特征。为了满足当地水资源及可耕地资源严重匮乏的需要，其农业技术产业的增长主要依靠研究人员、代理机构、农民和相关产业之间的密切合作。农村发展、荒漠化防治、干旱农区发展和农业生态项目已经成为以色列农业对外合作的标志性产品。据以色列出口与国际合作协会统计，目前以色列农业技术出口总额达21.76亿美元，其中肥料出口占36.7％，化学产品占32.9％，节水灌溉系统占19.7％，咨询占0.7％，育种占3.1％，这些技术成为以色列农业对外合作的重要支柱。同时，以色列农业技术输出项目以培训项目、示范农场、合作研究等为方式开展。以中国-以色列农业合作为例，以色列每年都会与我国农业科研单位联合举办培训项目，向我国提供农业培训和指导，促进本国技术和产品的输出。

3. 异同点比较

我国与日本、美国、以色列农业走出去布局相比，相同点是政府出台了多项政策，鼓励农业走出去，不同点是走出去的目的不一致。具体见表3-1。

表3-1　我国与日本、美国、以色列农业走出去现状不同点比较

国家	背景和目的	重点领域	主要国家
中国	两种资源、两个市场、两类规则	生产领域向全产业领域转变	非洲、东南亚等国家
日本	20世纪60年代，由于人多地少和政治经济体制的原因开始走出去。目的是满足国内的需求	全产业链和价值链布局并重	亚洲、南美洲、北美洲等国家

（续）

国家	背景和目的	重点领域	主要国家
美国	拥有富饶的土地、先进的农业技术、强大的粮食生产能力。走出去目的是增强粮食控制力	价值链布局	全球
以色列	以色列国土面积小，人口少，市场规模有限，经济发展受到自然资源匮乏性的制约；以色列是很多领域的科技创新中心，尤其在农业技术保持领先水平。走出去目的是通过技术获取资源	以技术、产品为主	欧洲、东亚为主

三、国外跨国企业的典型做法

1. 依托资本优势实施全产业链渗透

从国际粮食供需总体格局来看，北美洲和南美洲是世界粮食出口的主要区域，而亚洲和欧洲以农产品加工和消费为主。跨国大粮商通过将北美洲、南美洲生产的粮食和原料运往亚洲、欧洲等消费区，贸易上呈现出从西到东的流向，形成"哑铃型"产运销结构。哑铃的两端分别是数量庞大的生产者（农民或农场主）和消费者，中间流通环节则由以跨国大粮商为主的跨国粮食企业牢牢掌控。美国嘉吉、邦吉、ADM和法国路易达孚等粮商通过控制流通环节进而掌控了全世界80%以上的粮食交易量。

跨国大粮商从上游原材料的加工供应、制造、流通到营销、品牌宣传等产业链各个环节，通过并购、协议联盟、知识产权控制和专业化生产等方式，对粮食主要产销国家的粮食产业实施全产业链控制。美国跨国公司分支机构遍布全球60多个国家，掌握着全球谷物贸易的45%。例如，美国邦吉是美国第二大大豆产品出口商、第三大谷物出口商、第三大大豆加工商，全球第四大谷物出口商、最大油料作物加工商，巴西最大的谷物出口商。ADM、邦吉、丰益国际、嘉吉等都构建了覆盖各环节的全球农业产业链。ADM最开始的业务主要集中于农产品加工，然后扩展到与加工环节最紧密的储运环节，最后才扩张到化肥、种子和零售等环节。嘉吉并没有直接进入种植环节，而是采取间接控制的方式，通过向农户提供贷款、保险、种子、农技服务及化肥等方式，间接介入种植环节，同样实现了对种植环节的控制，有效规避了非常敏感的土地购买或长期租借问题。邦吉具有类似的特征。

在生产环节，实施全方位多样化的技术锁定。跨国大粮商对生产环节中的技术溢出效应进行严格控制，为巩固对东道国农业的控制力并获取利润，它们经常通过专利权保护、技术转移内部化等技术锁定策略，抑制技术的溢出效应。它们与中国进行种子贸易时，通常会建立从技术研发到产品开发的完整产业链，将技术转移锁定在公司内部，最大限度地抑制技术溢出效应。

在加工环节，通过参股并购和独资等方式进入该环节，一定程度上冲击了国内相关企业。例如，益海嘉里集团是 ADM 在中国的重要属下集团，其大豆的日加工能力已经达到了 5 000 万~6 000 万吨，较之中粮集团的 3 700 万吨多出 26%~38%。跨国大粮商控股或参股的"金龙鱼""福临门""鲁花"等主要品牌，年压榨能力高达 5 000 万吨以上。

在仓储环节，构建分布广泛且发达的仓储物流系统。巨大的粮食收储能力构成其雄厚实力的基础。例如，ADM 从榨油领域进入粮食产业，通过逐步兼并中小谷物企业与食品加工公司实现规模扩张，在美国本土拥有包括六大出口基地在内的美国最大的谷物仓库群与物流网络。嘉吉的粮食仓库与粮食流通、营销网络遍布世界各地，拥有 16 个出口中转的大型现代化粮库，在美国中西部建立了 150 个粮食仓储中心，收购的粮食约占美国粮食总产量的 12%，出口量占美国粮食出口总量的 30%。经验表明，船舶和火车适合长距离的大宗粮食运输，特别是水路运输具有运量大、能耗低、成本最低等优点；而汽车则适合进行短距离少量粮食的运输。水运占大部分的物流运输，除了天然的地理条件之外，还要有良好的基础设施建设和成熟完备的市场运作体系。跨国大粮商特别重视水运，如 ADM 为了满足加工贸易需要，通过收购远洋运输船队，高效低廉地将粮食送到世界各港口，从而攫取规模利润。路易达孚在巴西桑托斯港建立交运终端，年仓储能力达到 3.8 万立方米。

在贸易环节，跨国大粮商通过实质上的公司内部交易实现对全球粮食贸易的控制。从表面上看，巴西、美国、阿根廷等几个国家掌握了大豆的出口端，中国和欧洲两大经济体掌握了进口端。事实上，所谓的出口端和进口端的贸易活动的运筹者并不是这些国家和地区，而是跨国粮商。跨国粮商在很大程度上掌握了出口国与进口国的议价基础，大量的粮食贸易只是由跨国大粮商内部决定，一定程度上成为其各个分公司之间的营业活动。

2. 制定战略规划明确对外投资目标

跨国企业均设有全球战略研究部门，负责调查本行业的国际市场发展情况，研究提出公司在全球运作中的战略定位、总体战略和具体执行计划，并对公司全球战略的执行情况进行分析，适时调整和提出新的市场开拓战略构想。以丸红为例，丸红确定的国际粮食贸易优先发展区包括北美洲、南美洲、亚洲等。北美洲，主要是美国和加拿大，投资建设农产品收储、物流、贸易、码头等设施。南美洲，主要是巴西、阿根廷，主要开发资源，加强基础设施建设，以满足当地的需求为主，深化与当地主要公司的合作。亚洲，主要是我国和印度。我国主要是强化与我国主要公司的业务合作，同时加强与中央政府、地方政府机构的合作，寻找投资机会，特别是满足当地的需求；印度有巨大的消费市场，继续开拓市场并进行与市场相关的活动。撒哈拉以南非洲，以自然资源、基础设施合作为主。独联体国家，主要强化与俄罗斯的经济合作，开发自然资源。

3. 依靠核心技术优势形成垄断优势

跨国大粮商和跨国农业企业的业务各有侧重。ADM 注重研发、生物燃料，邦吉注重以南美洲为基地进行产业链布局，嘉吉的物流体系发达，而路易达孚注重风险管理。拜耳、先正达等企业手握核心种子技术，从根本上控制粮食生产资源；约翰迪尔、爱科等农机巨头，通过布局精准农业系统监控各国产量数据；硕腾、正大等专业动保和饲料公司，时刻跟踪着全球动物疫情及产量情况。

在拥有领先技术优势的基础上，跨国农业巨头积极与东道国的公司或政府合作，逐步控制行业命脉。如 ADM 在化学农药方面与陶氏杜邦合作；在环保方面与政府合作；在种子与农药方面，与拜耳合作。邦吉在种子、营养食品方面，与陶氏杜邦合作；在大豆方面，与中储粮集团合作。

跨国公司通过资本运作，采取控股并购、技术控制等方式，形成农业化学界与生物科技界以及种子产业界的结合，上下游产业的结合。一些农化产品制造商同时也是种子行业的巨头，如拜耳、陶氏杜邦等。另外，跨国粮商之间相互持有股份，利用丰富的国际贸易经验和资金优势，完成市场布局。以种子为例，农作物种子是整个农业的根基，种业是关系国计民生的战略性产业，直接决定了农业的可持续发展。以拜耳、陶氏杜邦等种业巨头一方面通过收购、兼并外国种子企业，并利用其进行种子市场的战略布局，迅速扩大其在国外市场的规模与影响力，另一方面凭借专利技术优势渗透国外市场。美国农业跨国公司充分利用《与贸易有关的知识产权协定》，申请了大量技术专利，并利用对专利产权的保护占领市场，强化对市场的控制。

4. 注重与投资对象国核心企业合作

跨国粮商无一例外地与投资对象国大型农业企业集团合作，通过参股、并购等方式介入投资对象国农业产业的关键环节，在全球粮食主产区和销区深耕细作。以日本全农为例，全农参股了美国综合谷物驳船公司（CGB），成为美国内河航运领域市场份额最大的公司之一；全农与美国 CHS 合作建立了一套谷物采购和出口的系统。在美国之外，全农与阿根廷的农业合作社协会（ACA）（供应玉米、大麦、高粱等）、巴西最大的农业合作社科莫农工合作社

（COAMO）（供应大豆、玉米）、澳大利亚的谷物处理有限公司（CBH）（供应大麦、小麦、高粱、牧草等）和欧洲的英维沃集团（INVIVO GROUP）（供应玉米、大麦、小麦、甜菜等）等海外农业合作组织建立了合作关系。全农在美国、澳大利亚以及南美洲、欧洲都建立了自己的粮食收购和仓储物流体系，不仅能买到粮食，也能运出去，从而可以在全球范围内实现粮食的跨国流动。2012年，丸红以36亿美元的出资收购美国第三大谷物及能源交易商美国高鸿控股有限责任公司（LLC）的全部股权，收购后丸红大豆和玉米等谷物经营量超过5 000万吨/年，超越ADM、邦吉、路易达孚等粮商，粮食运筹规模仅次于全球最大的嘉吉。

5. 高度重视海外投资知识产权保护

跨国农业公司的核心竞争力体现在其拥有的技术秘密、知识产权和专利上。在对外投资中，技术专利许可和转让有着很大的比重。跨国公司要求受让方或合作方必须严格履行合同，保护其专利，防止侵权行为的发生。因此，在选择投资区域时，该区域内良好的知识产权保护环境，成为其首选条件之一。

第四章
农业生产资料发展形势分析

农业生产资料主要指种子、化肥、农机、疫苗、饲料等，是体现农业行业技术含量的核心环节，也是农业技术和专利产权集中的主要部分。

一、种子

1. 国际种业基本形势

种子是最重要的农业生产资料之一，种子行业位于整个农业产业链的起点，是种植业产业的上游核心环节。种子产业作为农业分支产业发展至今已有100多年的历史。随着科学进步和工业化进程，特别是杂交优势的发现和利用，育种家培育出众多高产优质的杂交良种，在全世界逐步发展形成规模庞大的种子产业。根据种子和农药领域知名国际咨询公司 Phillips McDougall 的数据，2017年全球主要国家商品种子市场规模约383亿美元。其中，美国种子市场规模最大，约160亿美元，约占世界种子市场规模的40%；中国种子市场规模仅次于美国，约100亿美元，约占世界种子市场的30%。

总体来看，世界种子产业经历了政府管理时期（1920—1930年）—立法过渡时期（1931—1970年）—垄断经营时期（1971—1990年）—跨国公司竞争时期（1991年至今）四个历史阶段。目前，国际种子市场总体发展态势呈现以下特征。

一是兼并重组仍在进行，少数大型种子企业垄断国际种子市场。至2018年，世界种业历史上的第三次并购大浪潮结束。拜耳、科迪华第一梯队领跑，其销售总额占前20家种业公司总销售额的近60%；先正达、巴斯夫、利马格兰和科沃施组成第二梯队，4家销售总额约占前20家种业公司总销售额的26%。2019年，行业整合仍在进行，并不断向纵深发展。科迪华是由陶氏杜邦合并，分拆出来的农业事业部启用的新名称。2019年2月，科迪华宣布收购巴斯夫加拿大和美国地区 Clearfield® 油菜种子业务。2019年6月，科沃施宣布收购荷兰蔬菜种业国际公司（Pop Vriend Seeds），正式进军蔬菜种子领域。科沃施在 2018 年拜耳剥离其蔬菜种子业务时就有意收购并进军蔬菜种子领域，只是最后该蔬菜种子业务被资金实力更雄厚的巴斯夫获得。此次收购终于迈出了其战略规划的重要一步。2019 年 7 月，优利斯集团宣布其种子业务将和法国种子公司（Caussade Semences Group）讨论进行合并，以增强两个品牌在欧洲的市场地位。Caussade Semence Group 销售额约为 1.7 亿美元，合并后有望超过佛洛利蒙-德佩育种公司。

二是种业巨头全球化布局，配套产业完善。国际种业巨头随着实力的不断增强和本国市场的有限性，不断在全球拓展市场，基本完成了全球化布局。拜耳在 67 个国家或地区设有分支机构，共 404 个办公场所。杜邦先锋在全球 25 个国家建立了 126 个育种站、200 多个研究试验中心、1 000 多个育种基地、80 多个种子加工厂、9 个质量控制中心，其客户遍及全球 100 多个国家和地区。种业既是高利润的产业，也是高风险的产业。为有效抵御种业研发和销售中的高风险，跨国种业巨头在产业内部拓展其他种子业务，实现多元化经营。如拜耳 2017 年的种子营业收入为 102.1 亿美元，其中玉米种子 67.6 亿美元，大豆种子 12.6 亿美元，棉花种子 7.7 亿美元，蔬果种子 8.5 亿美元，其他种子 5.7 亿美元，玉米、大豆、棉花、蔬果均是全球第一，其他种子全球第五。世界种业巨头还有一个显著的特征是，除开展种子业务以外，还同时开展农化业务，杜邦先锋、陶氏益农、拜耳等既是种业巨头，又是农化巨头。而且农化产品与种子对应，不可分割。以原孟山都公司为例，孟山都 2012 年收购的精密种植（precision planting）公司，关注单粒播种机的准确率、播种的均一性、播种的深度及根部系统保护等。2013 年又斥资约 9.3 亿美元收购提供数据服务的气象公司，这家公司的宗旨是通过气候数据来提供更加精确的小范围气象预测。气象公司能够告诉农户何时、在多深的土里种植什么作物、用什么肥料、是否需要灌溉、是否需要补充肥料。孟山都除了向农民提供种子、农化产品及技术之外，已开始向农民提供数据（包括气象、土壤等）服务。

三是企业拥有核心技术，研发实力强。雄厚的技术研发能力是跨国公司立足国际市场的根本。跨国公司每年都将其销售收入的 5%～10% 甚至 15%～20% 用作研发投入。为了将研发优势转化为市场竞争优势，跨国公司从最初的技术封锁、技术垄断，逐步发展出一整套设计精巧的技术锁定战略，强化东道国技术依赖，减少技术产品效益外溢，以最适宜的成本获取其技术垄断的最大收益。

2. 我国在全球种业市场中的情况

在种业走出去方面，截至 2018 年，共有 9 家中国种业企业在境外投资设立公司 12 家，其中亚洲 10 家、北美洲 1 家、南美洲 1 家，累计投资额

1 443.5 万美元。除了直接投资设立境外公司外，建立海外制种基地、参股并购当地企业、设立本土化研发机构等战略协作型方式也正在成为种业企业走出去的发展态势。在种业走出去的过程中，中国企业在东南亚、中亚、非洲取得一定成果，主要是这些地区种子产业基础差，市场空白较多；但是在种业发达的欧美地区却是举步维艰，难以和拜耳、利马格兰等跨国公司抗衡，这也让我国种子企业充分认识自身与种业跨国公司的差距。

在种子进出口方面，2018 年中国农作物种子进出口总量 10.07 万吨，同比增长 3.0%。其中，进口量 7.27 万吨，同比微减 2.4%；出口量 2.80 万吨，同比增长 20.2%。中国农作物种子进出口总额达到 6.94 亿美元，同比增长 12.5%。其中，进口额 4.75 亿美元，同比增长 13.9%；出口额 2.19 亿美元，同比增长 9.5%。种子贸易逆差 2.56 亿美元，中国依然是种子净进口国。截止到 2013 年底，我国已与全球 151 个国家和地区建立了种子贸易关系，特别是种子出口目标市场国迅速增加。

3. 对我国的机遇和挑战

（1）机遇

一方面，利用水稻等资源与技术优势，积极推动种业走出去，为"一带一路"国家提供优良品种和栽培技术，帮助当地农民增产增收，使我国种业企业走出去具备一定吸引力；另一方面，随着我国蔬菜、水稻等作物品种质量提升，国外饮食结构变化和消费需求拉动，带来了新的出口机遇。

（2）挑战

在技术层面，制种生产机械化规模化水平有待提高，加工工艺水平和精细化程度不够，出口种子质量有待提高；在研发层面，部分作物育种资源匮乏，蔬菜等经济作物研发重视不够，研发投入不足，部分作物品种仍需要进口；在并购重组方面，全球市场竞争激烈，并购整合会对种业国际贸易格局带来影响。

二、化肥

1. 国际化肥行业基本形势

跨国企业全球化布局，市场占有率高。目前，全球化肥主要被巴斯夫、美盛都等化肥巨头把控。这些企业控制着研发、生产基地建设、贸易等各个环节。现阶段跨国企业化肥生产基地主要布局在巴西、俄罗斯、越南、挪威等地区，北非和澳大利亚产能稀少。这些企业进入别国市场主要依靠并购、重组当地化肥企业。跨国化肥企业市场占有率高，达到 60% 以上。

跨国企业重视研发，技术可持续发展。国外大型化肥企业都建有独立的研发机构负责企业的战略发展、新产品研发、品牌策划和农化服务等，同时充分利用社会和行业资源建立联合的研发实体。如与研究所、大学和行业伙伴合作建立研发实体。巴斯夫在这方面的做法有一定代表性：公司一方面有独立的研发平台，即建在德国路德维希港的中心研究基地、集团公司下属公司的研发部（R&D Units）和研发子公司（R&D Subsidiaries），在全球共雇佣 8 000 多研究人员（75% 的研发人员在德国），约占集团公司员工总数的 10%，每年的研发经费超过 10 亿欧元；另一方面，巴斯夫与大学、科研院所、行业伙伴和国际研究机构合作 1 000 多个研发实体，这 1 000 多个合作研发实体的研发经费占总研发经费的 8%，对公司的国际市场战略布局和研发出适合世界不同区域和作物的肥料品种起着重要作用。

2. 我国在全球化肥市场中的情况

我国在化肥生产技术和装备制造方面已经达到国际先进水平，不仅能满足国内化肥工业的需要，而且也开始输出技术和工程。我国已经成为全球最大的氮肥、磷肥出口国，传统肥料和新型肥料质量标准也已经得到国际市场的认可。"一带一路"沿线国家进口的氮肥、磷肥，50% 以上来自我国。我国钾肥自给率 50% 左右，但由于自然资源的限制，供应量远不能满足需求量，我国仍然是钾肥进口大国。在钾肥行业走出去方面，我国在老挝的进展最为明显。老挝钾盐矿储量丰富，目前有 10 家外资企业在老挝勘探开采，9 家来自中国。截至目前，我国钾肥行业走出去项目已在海外 10 个国家开展了 30 个钾肥项目，产能预计超过 1 000 万吨。

3. 对我国的机遇和挑战

（1）机遇

我国化肥工业优势突出但产能严重过剩，非洲农业发展则急需化肥，化肥企业到有资源、有市场的非洲建厂或收购当地企业，既是我国企业拓展发展空间的需要，也符合非洲改善农业发展现状的要求，双方加强合作将实现"双赢"。我国化肥质量指标与国际接轨，而价格在东南亚地区具有竞争优势。如在越南各口岸到岸价格平均每吨为 170 美元，低于其他国家。部分化肥生产企业已占有一定国际市场，如云南沾化有限责任公司生产的尿素出口越南、缅甸；青岛昌华集团股份有限公司生产的尿素销往新加坡、老挝、泰国、越南；中国石油化工股份有限公司安庆分公司亦将产品销往加拿大、越南。

（2）挑战

我国化肥行业面临的挑战主要是国际化肥生产企业加快扩产、兼并的步伐，挤压我国化肥企业的市场空间。

三、农机

1. 国际农机行业基本形势

跨国企业拥有核心技术，市场占有率高。约翰迪尔公司、凯斯纽荷兰公司、爱科公司、克拉斯公司和久保田株式会社五大集团具有自主知识产权的核心技术，在全球拖拉机市场的占有率近 70%，联合收割机市场占有率达到 80% 以上。从区域来看，欧美地区形成了约翰迪尔公司、凯斯纽荷兰公司、爱科公司、克拉斯公司和赛迈道依兹公司五大农机集团。其中，约翰迪尔公司、凯斯纽荷兰公司和爱科公司占据了全球农业机械 1/3 左右的市场份额。日本则形成了以久保田株式会社为首的农机生产巨头。这些农机巨头的特点是市场占有率高，产品涵盖宽，销售收入高，建立了全球的销售网络和生产基地。

跨国企业全球化战略明晰，竞争力强。约翰迪尔公司等跨国企业在海外建立高端研发平台，依托研发平台在开展技术攻关突破的同时，实现国际化运营团队的培育和打造，最终依托优秀的团队实现海外并购等方式，进一步完善了海外全价值链运营平台，成功实现海外属地化运营，打造全球化企业。

2. 我国在全球农机市场中的情况

我国积极推动农机走出去。我国走出去的农机企业主要是雷沃重工股份有限公司和中国一拖集团有限公司。雷沃重工股份有限公司积极探索"全球研发、中国制造、全球分销"的发展模式，收购阿波斯。中国一拖集团有限公司在 20 世纪 80 年代就开始寻求国际合作，首先是从英国里卡多公司引进了柴油机生产技术，之后又从意大利菲亚特公司引进了轮式拖拉机技术，诞生了中国首台大功率轮式拖拉机。目前，东方红系列大功率拖拉机稳居中国大轮拖市场第一，并培育了中国大轮拖零部件制造体系。但是我国在高端的农机领域不占优势，在黑龙江、新疆等这些大型化、效率高的农机主消费市场，基本上被外资品牌垄断。国内企业在大型采棉机、240 马力①以上拖拉机和甘蔗、马铃薯等收获机械以及其他多种经济作物的关键零部件领域还未取得突破。

3. 对我国的机遇和挑战

(1) 机遇

在政策上"一带一路"倡议为农机企业扩大出口提供了有力的保障。在市场上，中亚、东南亚等地区多数为农业国家，我国的农机产品有一定的比较优

---

① 马力为非法定计量单位，1 马力＝735.498 75 瓦。——编者注

势，具有较大的市场潜力。

（2）挑战

跨国农机企业已在全球开展全产业链布局。虽然我国的一些骨干龙头企业也纷纷走出国门，积极融入全球的产业体系，但是农机行业还面临诸多挑战，如：产品整体竞争力及比较效益低，环节分工不够细致精确；农机装备行业研发创新能力及小众产品技术积累起点低、存量小，满足小众市场新兴需求的能力不够；高端市场被国外产品抢占；农艺和农机的融合程度不够理想，部分试制机具无法推广。

四、疫苗

1. 国际疫苗行业基本形势

跨国企业掌控兽用疫苗市场。全球主要市场份额集中于少数有重要影响的跨国企业，如富道、梅里亚、辉瑞、诗华、先灵葆雅、勃林格殷格翰、拜耳、维克等公司。这些企业重视研发投入、技术创新以及新产品的研发，具有持续发展和获取超额利润的能力。

2. 我国在全球疫苗市场中的情况

我国在全球疫苗市场中占比不大。2018 年我国兽用疫苗进口量达 2 197.3 吨，进口金额达 3.64 亿美元；出口量为 318.2 吨，出口额为 0.13 亿美元。我国兽用疫苗来源地集中度较高，兽用疫苗从美国进口额占兽用疫苗总进口额的 70.08%；兽用疫苗从欧洲的荷兰、西班牙、法国进口额占比分别为 12.51%、7.07%、6.4%。我国兽用疫苗出口国前三名为越南、埃及、泰国，其中，向越南出口额占我国兽用疫苗总出口额的 52.37%，埃及出口额占比为 16.7%。

3. 对我国的机遇和挑战

（1）机遇

发展中国家尤其是畜牧业大国，如巴西、印度等疫苗需求量大，这些国家防疫体系在不断健全，预防意识在不断增强。如印度政府为控制畜禽类疾病，斥资 52 亿卢比开展了一项名为"畜禽卫生与疾病防控"的项目。这些区域为我国动物疫苗出口带来新的机遇。

（2）挑战

动物疫苗市场不断被跨国公司挤占，成为我国企业走出去的主要挑战。国内企业应该积极应对，加快转型升级，缩小差距，提升自己的实力。

五、饲料

1. 国际饲料行业基本形势

饲料产能逐年升高。目前，全球 144 个国家共有近 3 万个饲料厂，近几年来全球饲料产量逐年增长，2018 年全球饲料产量 11.03 亿吨，同比 2017 年增长了 3.2%。从全球饲料产量分布情况来看，西太平洋地区、欧洲和北美洲是主要的饲料生产地区。其中，西太平洋地区 2018 年饲料产量 3.95 亿吨，占比最高，为 35.8%。欧洲、北美洲和拉丁美洲 2018 年产量分别为 2.77 亿吨、1.99 亿吨和 1.64 亿吨，占比 25.1%、18% 和 14.9%。非洲和西亚地区占比最少，但非洲地区 2018 年产量增速相对于其他地区最高，为 5%。

饲料业与畜禽养殖企业联合布局。饲料业一个最大的特点是大多数饲料企业都和养殖企业联合在一起，美国 3/4 的饲料是由覆盖饲料产业与养殖产业的产业链企业所生产出来的，1/4 的饲料是纯商业性的饲料，而且饲料产业链企业生产的饲料量正在逐年增加，商业性饲料销量逐年降低。当前美国市场上的商业性饲料企业也正在积极地与产业链前后的企业进行合资重组，或与养殖户进行联盟，以保持或者提高自身的竞争实力。一个相当成熟的饲料产业链，集养殖、原料生产、饲料生产、屠宰、畜禽食品加工等行业为一体。

2. 我国在全球饲料市场中的情况

虽然我国饲料产业起步较晚，但发展速度很快，目前我国饲料总产量已位居世界第一。但同时我国也面临着饲料资源短缺、重要的饲料原料高度依赖进口、科研投入较少和核心技术掌握不足等问题。我国在制成饲料上具有一定优势，特别是氨基酸、维生素等饲料添加剂制品在国际市场上具有一定地位，但大宗饲料原料如蛋白饲料、能量饲料十分匮乏，高度依赖从国际市场进口，极大制约了我国饲料产业的健康发展。

3. 对我国的机遇和挑战

(1) 机遇

我国饲料企业走出去的机遇主要是有比较优势的国家，如印度尼西亚等东南亚国家、莫桑比克等非洲国家，这些国家整体的商品化率低，而我国的整个饲料产能、技术水平明显比它们高。国内企业可以通过技术输出、人员输出或者营销输出的模式来增加饲料在海外的销量。南部非洲地区粮食作物（玉米等）供应充足，出口前景全球看好，而且猪、鸡等产品对欧美出口基本没有限制，正在成为世界最大的畜牧产品输出地之一。同时多数非洲国家较为贫穷，部分国家还有战乱。一些欧美的企业不敢前去投资。但这些国家畜牧业发展潜力是巨大的。中国的饲料企业如能够走出去，参与国际竞争，不仅可以缓解国内白热化的竞争压力，而且可以在这些饲料业竞争较弱的发展中国家输出中国的饲料品牌，在国际市场上占领一定的市场份额。

（2）挑战

国内饲料加工业在经历了 10 多年的快速发展之后，产业集中度不断提高，大型企业追求规模效益和提高以技术为核心的综合竞争力的趋势更加明显。但是与世界大型企业相比，我国饲料企业在规模、技术等方面还存在着差距。

第五章

全球农业资源分布和重要农产品供需及贸易情况

一、全球农业资源分布情况

1. 光热资源分布

从农业生态区划的角度看，全球热量分布决定了各主要作物的产区分布。以水稻为例，主产区分布在热带、亚热带地区，主要包括东南亚、非洲西部以及中南美洲部分区域。

2. 耕地资源分布

从耕地角度看，全球土地资源决定了耕地面积。东南亚的印度尼西亚、南亚的印度潜在耕地①面积大，中亚、中东欧国家的土壤条件整体较好。非洲的苏丹、安哥拉、尼日利亚、加纳、科特迪瓦以及刚果（金）、刚果（布）、坦桑尼亚、赞比亚等国部分区域的土壤条件也相对较好。南美洲的巴西、玻利维亚、阿根廷，欧洲的俄罗斯、波兰、白俄罗斯，北美洲的美国、加拿大、古巴，大洋洲的澳大利亚、新西兰，非洲的几内亚比绍潜在耕地面积也比较大。

3. 农业水资源分布

从水资源角度看，全球水资源分布决定了农作物的长势、类型以及可持续性。目前，人类比较容易利用的淡水资源储量约占全球淡水总储量的 0.3%，只占全球总储水量的十万分之七，主要是河流水、淡水湖泊水以及浅层地下水，除东南亚、东欧国家外，其他国家基本上属于淡水资源缺乏地区。

---

① 潜在耕地是指各国适宜耕作土地面积减去各国现有耕地面积以及适宜耕作土地位于各类保护区的面积、建筑用地面积之后的面积。

二、水稻供需及贸易情况

水稻是世界上重要的粮食作物，耕种和食用的历史十分悠久。目前，全球有50%以上的人口将大米作为主食。水稻喜暖湿，生长期积温为 1 800～2 700 ℃，不耐过热，生长期 90～150 天。基于上述光温特性，世界上的水稻生产绝大部分分布在东亚、东南亚、南亚以及西部非洲、中南美洲部分区域。

1. 水稻供需

当前，国际水稻供需形势呈现以下特点：

一是种植面积、单产、总产均持续提升。20 世纪 80 年代以来，全球稻谷生产稳定发展。1980 年以来，稻谷收获面积从 1.44 亿公顷增加到 2018 年的1.67 亿公顷，增长 15.9%，年均递增 0.3%。单产方面，由于杂交水稻和转基因技术快速发展，加之种植技术的不断改善，1980—2018 年稻谷单产出现明显增长，全球稻谷平均单产从 2.75 吨/公顷增加到 4.68 吨/公顷，增长70.2%，年均递增 1.3%。伴随着收获面积和单产的变化，全球稻谷总产量也有了明显增长，从 1980 年的 3.97 亿吨增长到 2018 年的 7.82 亿吨，增长96.9%，年均递增 1.7%。稻谷产量的增长出现明显的阶段特征，1980—2018年主要经历了两次较大幅度的增长：第一次发生在 1983 年，全球稻谷总产量从 4.18 亿吨一举增长到 4.50 亿吨，增长率达到 7.7%；第二次大的增长发生在 20 世纪 80 年代末期（1989 年），全球稻谷总产量在一年之内从 4.64 亿吨增长到 5.10 亿吨。

二是稻谷消费稳步增长，主要国家消费变动趋势基本一致。随着世界人口的不断增加，作为世界上超过半数人口主食的稻谷消费也不断增加。1980—2018 年，全球稻米消费量从 2.70 亿吨增长到 4.86 亿吨，增加 2.16 亿吨，涨幅达到 80%。1980 年，稻米消费排名前五的国家分别是中国、印度、印度尼西亚、日本和泰国，消费量分别是 9 858.7 万吨、5 330.1 万吨、2 150.4 万吨、1 010.0 万吨和 795.5 万吨；2016 年，这五个国家稻米消费量分别是14 350.0 万吨、9 650.0 万吨、3 760.0 万吨、855.0 万吨和 1 100.0 万吨，其中，除日本稻米消费量降低 15.3%、排名降至第六位以外，中国、印度、印度尼西亚和泰国消费量分别增加 45.6%、81.0%、74.9%和 38.3%，基本维持 1980 年以来的排名结构。2018 年稻米消费排名前五的国家分别是中国、印度、印度尼西亚、菲律宾和泰国。

三是库存量总体波动明显，2004 年以来持续上涨。稻谷是主要的口粮，对于储存的要求较高，并且稻谷主产区多分布在夏季潮湿高温地区，因此，稻谷的库存与玉米等粮食作物不同，库存量较高会导致稻谷价值的明显下降，其期末库存量应该保持在一个相对较低的水平。1980—2018 年，全球的稻米库存一直维持在 1 亿吨左右。其中，库存量在 1986 年首次超过了 1 亿吨，直到 2003 年才又一次低于 1 亿吨，随后持续上涨。中国是全球的稻谷生产大国，2018 年中国稻谷产量为 2.12 亿吨，占全球稻谷产量的 28.9%。因此，中国的稻谷库存变化将对世界稻谷库存情况产生显著影响。中国自 2004 年起实行稻谷最低收购价政策，并且 2008 年以来连续 7 次上调了稻谷的最低收购价，稻谷最低收购价政策托市效应明显，导致中国的稻谷库存数量大幅增加，推动世界稻谷库存迅速提高。在国际价格和国内库存的影响下，2016 年开始，中国国内调低最低收购价。美国农业部数据显示，2004 年中国稻谷的期末库存仅为 0.39 亿吨，2016 年期末库存增长到 0.87 亿吨，2017 年中国稻谷期末库存上升至 0.92 亿吨。与之相对应的是全球稻谷库存变化，2004 年全球稻谷期末库存仅为 0.74 亿吨，2016 年期末库存量就已经上升到 1.17 亿吨。

2. 水稻贸易

稻谷是世界上重要的农产品，供应了全球超过一半的主食消费，也是全球重要的国际贸易农产品。1980 年以来，由于全球人口的增加和稻谷生产的发展，大米的国际贸易量稳步上升，全球出口总量从 1980 年的 1 241.3 万吨增长到 2017 年的 4 451.9 万吨，增长幅度达到 258.6%。

受各国资源条件和消费差异等影响，全球稻谷生产主要集中在亚洲和美洲少数几个国家，与此同时，稻谷出口也集中在少数几个国家；但是随着资源禀赋和发展阶段的变化，1980 年以来世界稻谷贸易格局发生了较为明显的变化。

（1）出口贸易格局总体稳定，不同国家排名有所变动

全球大米出口贸易中，1980 年全球大米出口排名前五的国家分别是美国、泰国、巴基斯坦、日本和印度，其出口总量占全球大米出口量的 73.2%；到 2017 年全球大米出口排名前五的国家分别是印度、泰国、越南、美国和巴基斯坦，其出口总量总共占全球大米出口量的 83.6%。值得关注的是，美国、泰国、巴基斯坦和印度是一直以来的出口大国，出口量一直稳居全球出口量前列。1980—2017 年，美国出口量从 306.4 万吨增加到 326.6 万吨，增长 6.59%；泰国出口量从 304.9 万吨增长到 1 616.1 万吨，增长 430%；巴基斯坦出口量从 116.3 万吨增长到 273.7 万吨，增长 135.3%；印度出口量从 90.0 万吨增长到 1 206.1 万吨，增长 1 240.1%。上述国家随着时间的推移，大米出口量都出现不同程度的上涨，其中，印度出口量变动最为明显，涨幅达到 12 倍。与此同时，日本的出口量出现了明显下滑，从 1980 年的第 4 位滑落到了 2017 年的第 37 位，出口量从 1980 年的 90.9 万吨降低到 2017 年的 3.4 万吨，降低 96.3%。越南的出口量出现明显上涨，从 1980 年的 0.5 万吨增长到 2017 年的 581.0 万吨，增长 1 161 倍。

（2）进口国家分布相对分散，贸易格局变化较大

在全球的大米进口贸易当中，进口分布相对分散，国家排名变化较大。1980 年，全球大米进口前五的国家分别是韩国、苏联、伊朗、印度尼西亚、尼日利亚，其进口总量占全球大米进口总量的 45.3%；到 2017 年，全球大米进口排名前五的国家分别是中国、贝宁、孟加拉国、伊朗、沙特阿拉伯，其进口总量占全球大米进口总量的 32.5%。

值得注意的是，1980—2017 年，不同国家稻米进口量变化有所差异。其中，韩国进口量从 1980 年的 224.5 万吨降低到 2017 年的 41 万吨，降低 81.7%；印度尼西亚从 1980 年的 54.3 万吨降低到 2017 年的 29 万吨，降低 46.6%；伊朗从 1980 年的 63.6 万吨增长到 2016 年的 129.3 万吨，增长 103.3%。沙特阿拉伯从 1980 年的 35.6 万吨增长到 2017 年的 120.7 万吨，增长 239.0%；中国从 1980 年的 16.2 万吨增长到 2017 年的 397.8 万吨，增长约 24 倍。

三、小麦供需及贸易情况

小麦耐寒、耐旱，适应性强，全球种植小麦的国家很多，春小麦多分布在纬度较高或海拔较高、热量条件较差的地区，冬小麦主要分布在暖温带地区。从产量看，主要集中在亚洲的印度、中国、巴基斯坦，北美洲的美国、加拿大，欧洲的乌克兰、俄罗斯，南美洲的阿根廷，大洋洲的澳大利亚等国家。

1. 小麦供需

小麦生产国家多，单产差距明显。世界小麦生产主要集中在亚洲，面积约占世界小麦生产总面积的 45%；其次是欧洲，占 25%；美洲占 15%；非洲、大洋洲和南美洲各占 5% 左右，各洲小麦产量分布情况与面积占比大体一致。单产排名前十的国家依次为新西兰、爱尔兰、比利时、荷兰、德国、阿拉伯联合酋长国、纳米比亚、英国、丹麦和法国。在主要种植国中，中国单产水平最高，为 5 416 千克/公顷，然而仅为新西兰的 60.5%，但相对于主产国印度和出口小麦较多的美国，中国单产水平却具有比较优势，分别比印度和美国高出 60.3% 和 59.4%。

小麦消费刚性增长，供需呈紧平衡。近年来，全球小麦总消费量一直呈刚性增长，特别是由于全球玉米价格高企以及饲料工业迅猛发展，小麦饲用消费增长明显加快。目前，全球小麦库存消费比处于较低水平，供求呈现紧平衡（表 5-1）。全球小麦消费量呈刚性增长，饲用消费增长较快。

表 5-1   2018/2019 年度全球小麦供需平衡表（百万吨）

国家和地区	供给			需求			期末库存
	初期库存	产量	进口	饲料消费	总消费	出口	
全球	279.94	733.41	175.79	141.96	745.25	177.36	268.1
中国	131.26	132.5	4	18	123	1.2	143.57
美国	29.91	51.29	3.81	2.99	31.27	27.22	26.52
阿根廷	1	19.5	0.01	0.1	5.8	14.2	0.51
澳大利亚	5.7	17	0.15	5.5	9	10.5	3.35
加拿大	6.18	31.8	0.45	4.3	9.3	24	5.13
欧盟	14.13	137.6	6.5	53	125	22	11.23
俄罗斯	11.87	70	0.5	18	40.5	36.5	5.37
巴西	1.31	4.8	7.5	0.5	12.1	0.3	1.21

数据来源：美国农业部，截至 2018 年 12 月底数据。

亚洲和欧洲的国家是生产大国，也是消费大国，但亚洲产不足需，需要大量进口；北美洲和大洋洲虽然产量不高，但消费比例较低，大部分用于出口；非洲产量最低，但消费量相对较高，需要大量进口；南美洲生产和消费总量基本持平。因此，小麦的消费是全球性的，全世界约有 40% 的人以小麦为主食，小麦的供需结构决定了世界小麦贸易的热点，交易范围广，交易量大，参与国家多。

2. 小麦贸易

世界小麦贸易量自 1981 年超过 1 亿吨以后，2008—2018 年相对比较稳定，一直在 1 亿～1.2 亿吨之间徘徊，主要因为一些传统的小麦进口国提高了自给率，从而降低了进口量，使世界小麦贸易量的增长受到一定程度的抑制。2018 年我国小麦进口 309.9 万吨，同比减少 29.9%；出口 28.6 万吨，同比增长 56.4%。

四、玉米供需及贸易情况

1. 玉米供需

玉米分布于北纬 58°至南纬 40°之间的温带、亚热带和热带地区。从低于海平面的盆地到海拔 3 600 米以上地区，都能种植。北美洲最多，其次为亚洲、南美洲和欧洲。种植面积和产量以美国第一，我国次之，巴西第三，其他还有南非和墨西哥等。玉米是全球发展最快的粮食作物，主要集中在美洲和亚洲地区。

世界玉米生产在波动中不断增长。其中，亚洲国家玉米生产面积增长较快，主要是印度、中国和印度尼西亚，其玉米种植面积的年均增长率大大高于世界平均增长速度。世界玉米收获面积从 2008 年的 1.59 亿公顷增长到 2018 年的 1.94 亿公顷，增长了 22.01％，年均增长率为 2.2％。2008—2018 年世界玉米的年总产量均在 8 亿吨以上，2018 年总产量达到 11.5 亿吨。

世界主要的玉米生产国是美国和中国，两国的收获面积合计约占到世界的 40.18％，产量超过世界总产量的一半。2018 年，美国玉米的收获面积为 3 307 万公顷，占世界玉米总收获面积的 17.07％；总产量为 3.92 亿吨，占世界总产量的 34.1％。我国玉米收获面积为 4 213 万公顷，占世界玉米总收获面积的 21.75％；总产量为 2.57 亿吨，占世界总产量的 22.35％。目前，巴西已成为世界第三大玉米生产国，其玉米收获面积 1 612 万公顷，产量为 8 228 万吨。其次是欧盟、阿根廷、墨西哥、印度，其中，印度玉米收获面积的增长比较快，但其产量提高不多。玉米的单产基本能体现出玉米的生产技术水平。美国玉米单产最高，为 7.75 吨/公顷，是印度玉米单产的 3 倍。这说明不同国家的技术应用水平、生产管理水平存在很大的差异，发达国家的技术应用水平、生产管理水平都比较高，其玉米的单产也比较高。

世界玉米消费刚性增长。2018 年度，世界玉米消费量 11.33 亿吨，较 2017 年增加 0.44 亿吨。其中，2018 年美国玉米消费量为 3.08 亿吨，较 2017 年的 3.14 亿吨下降 1.91％；欧盟玉米消费量 0.87 亿吨，较 2017 年的 0.77 亿吨下降 13.00％。

2. 玉米贸易

随着玉米消费需求的增长，世界玉米贸易量整体保持增长态势，2018 年全球玉米进口总量为 17 035.3 万吨，较 2017 年的 15 278.9 万吨增长 11.50％。全球玉米进口贸易国家或地区中，欧洲进口量居首位，2018 年欧洲玉米进口总量为 2 350.0 万吨；其次是墨西哥，进口总量 1 700.0 万吨；日本是全球第三大玉米进口国，进口总量 1 580.0 万吨；韩国排在第四位，进口总量 1 040.0 万吨；越南玉米进口总量 1 020.0 万吨，列第五位。美国是全球最大的玉米生产和消费国，同时也是最大的玉米出口国，2018 年美国玉米出口总量为 5 100.0 万吨，占全球玉米总出口量的 29.9％。

在国际谷物贸易中，玉米贸易量仅次于小麦。近年来，我国玉米进口持续增长。美国、巴西、乌克兰、阿根廷 4 国出口量合计超过全球贸易量的 80％。

五、天然橡胶供需及贸易情况

天然橡胶种植主要分布在南北纬15°之间的低海拔、低纬度的热带地区，包括亚洲的泰国、印度尼西亚、马来西亚以及南美洲的阿根廷等国家。

1. 橡胶供需

天然橡胶生产国协会（ANRPC）最新统计数据显示，2018年世界天然橡胶（NR）产量为1 396万吨，较2017年的1 335万吨增加4.6％。2018年全球天然橡胶需求增长5.2％，达到1 401.7万吨，需求缺口为5.7万吨。天然橡胶的产地主要集中在泰国、印度尼西亚、马来西亚、越南、印度、斯里兰卡等少数亚洲国家和尼日利亚等少数非洲国家。其中，东南亚地区天然橡胶产量占全球的85％以上，泰国、印度尼西亚、马来西亚、印度4国天然橡胶产量占世界总产量的70％以上。2018年泰国、印度尼西亚、印度、马来西亚天然橡胶产量分别为474.4万吨、363.1万吨、97.8万吨、78.2万吨。受地理条件的限制，我国天然橡胶的产量基本维持在80万吨左右。2018年，我国天然橡胶产量增长了约4％，达到83.2万吨。

2. 橡胶贸易

2018年全球天然橡胶进口总量为126.8万吨，其中我国和马来西亚进口量最多，分别为49.4万吨和32.3万吨，分别占全球天然橡胶进口总量的38.96％和25.5％。2018年全球天然橡胶出口总量为154.1万吨。其中，泰国天然橡胶出口总量最多，达到118.6万吨，占全球天然橡胶出口总量的76.96％。

我国天然橡胶对外依存度较高。据海关统计，2018年我国进口各类橡胶合计565.99万吨。其中，天然橡胶259.59万吨（浓缩胶乳占22.7％，烟片胶9.2％，技术分类橡胶62.0％，其他形状的天然橡胶6.1％），复合橡胶11.38万吨，混合橡胶295.02万吨。2018年进口量基本与2017年持平，但2017年较2016年增加了27.39％，增加部分主要是混合橡胶。2015年7月，中国海关开始执行新的复合橡胶标准，2016年复合橡胶进口量大幅度下降，但混合橡胶却大幅度增加。复合橡胶和混合橡胶主要为了规避4001税则下的天然橡胶关税，其在初加工环节加入少量炭黑等物质，免征关税。根据联合国商品贸易统计数据库，我国天然橡胶出口量非常小，2017年共出口1.62万吨，2015年不足5 000吨，天然橡胶主要随轮胎等橡胶制品出口。

我国天然橡胶进口长期来源集中在少数几个国家，且国内产量占消费量的比重不断下降。2017 年，我国从泰国、马来西亚、越南和印度尼西亚进口的天然橡胶（含混合橡胶和复合橡胶）分别占进口总量的 51.2％、15.1％、15.4％和 12.7％，合计 94.4％。在国际贸易环境日趋复杂多变的背景下，我国橡胶进口市场存在潜在的安全问题，我国天然橡胶供给安全面临较大的挑战。中国天然橡胶进口情况见表 5－2。

表 5－2　中国天然橡胶进口情况

年份	进口额（亿美元）	进口量（万吨）
2009	28.1	171.1
2010	56.7	186.1
2011	93.8	210.1
2012	68.1	217.7
2013	63.9	247.3
2014	49.5	261.0
2015	39.2	273.6
2016	33.5	250.1
2017	49.2	279.3
2018	36.1	259.6

六、棕榈油供需及贸易情况

棕榈油是一种热带木本植物油，是目前世界上生产量、消费量和国际贸易量最大的植物油品种，拥有超过五千年的食用历史。油棕对生长环境要求苛刻，只能在南北纬 5°之间的有限范围内生长，适合种植区域主要分布在东南亚的印度尼西亚、马来西亚、泰国，非洲的尼日利亚、刚果（金）、科特迪瓦、喀麦隆、加纳、利比里亚、塞拉利昂、贝宁、加蓬、多哥，南美洲的巴西、哥伦比亚、厄瓜多尔和秘鲁。

1. 棕榈油供需

棕榈油是目前世界上生产量、消费量最大的植物油品种，与豆油、菜籽油并称为"世界三大植物油"。2019/2020 年度全球棕榈油产量继续保持增长态势，达到 7 569 万吨，同比增长 2.4％。印度尼西亚与马来西亚为棕榈油主要生产国，两者共占全球棕榈油产量的 86％以上。

2018 年，全球棕榈油消费量已经达到 5 053 万吨，较 2017 年上升 7.9％。其中，印度是世界最大的棕榈油消费国，约占全球棕榈油消费量的 16％；印度尼西亚排名第二，占全球棕榈油消费总量的 14％左右；欧盟第三，占全球棕榈油消费总量的 11％左右；中国是世界第四大棕榈油消费国，也是世界第三大棕榈油进口国，占全球棕榈油市场约 9％的份额。2018 年我国植物油消费中，棕榈油消费占比为 17％。我国棕榈油消费严重依赖进口，进口量占总消费量的 90％以上。棕榈油生产基本格局见图 5-1。

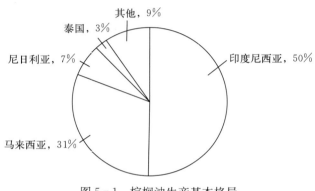

图 5-1　棕榈油生产基本格局

2. 棕榈油贸易

2018 年全球棕榈油进口总量为 5 085 万吨，出口总量为 4 838 万吨。印度尼西亚和马来西亚是全球主要棕榈油出口国，2018 年印度尼西亚出口的棕榈油占全球贸易量的 44％。

2018 年我国棕榈油进口量为 540 万吨，较 2017 年 510 万吨增加了 5.89％。

七、棉花供需及贸易情况

棉花喜热、好光、耐旱、忌渍，适宜在疏松深厚土壤中种植，除温度外，棉花对光照非常敏感，比较耐干旱，怕水涝，生长发育的最适宜温度为 25～30 ℃。鉴于上述光温特性，世界主要棉花产区有中国、印度、美国、乌兹别克斯坦、埃及等，其中，中国的单产最高。全球棉花每年产量约 2 600 万吨左右，其中绝大部分分布在北半球，我国和印度棉花产量占全球总产量的一半，亚洲棉花产量占全球的 2/3 左右，美洲棉花产量占全球的 1/5 左右，非洲棉花产量占比小于 1/10，欧洲和大洋洲仅少量种植。

1. 棉花供需

国际棉花总产不断增加，单产差异明显。目前，国际棉花市场仍处于供过于求的格局，库存持续增加。国内外棉花价差依然较大，但库存也较多。2018年全球棉花收获面积 5.24 亿亩，产量超过 2 598 吨。全球主要产棉国为中国、印度、美国、乌兹别克斯坦等，约占全球棉花产量的 85%。中国棉花种植面积近 10 年较为波动，整体呈下降趋势，由 2011 年的 6 786 万亩降至 2018 年的5 028 万亩；印度是全球棉花种植面积最大的国家，棉花种植面积超过 1.7 亿亩，占全球的 1/3；美国棉花种植面积约为 8 200 万亩，占全球的 11%。由于棉花价格低迷，全球主要产棉国棉花种植面积均出现下滑。不同国家因为地理和生产条件差异，单产存在明显差异。在技术提高推进全球单产提高的背景下，中国、印度、美国、巴基斯坦 4 国棉花单产分别为每公顷 1 306 千克、921 千克、490 千克、680 千克。

全球棉花在 2010/2011 年度和 2011/2012 年度的消费量是递减的，但是自2012/2013 年度起，全球棉花消费复苏，消费量逐年增加，2018/2019 年度全球棉花消费量为 2 636 万吨，较 2017/2018 年度同比减少 1%。国际棉花消费主要集中在中国、印度、巴基斯坦、土耳其、巴西、孟加拉国、美国、印度尼西亚、越南，占全球棉花总消费量的 85%，其中我国棉花消费量占全球棉花总消费量的 33.5%。

2. 棉花贸易

近年来，国际棉花贸易量不断增加。2018 年全球棉花进口总量为 908万吨，较 2017 年增加 1.79%；出口总量为 908 万吨，较 2017 年增加1.91%。贸易量增加的最主要原因是中国的进口量增加。中国、土耳其、孟加拉国、巴基斯坦、印度尼西亚、越南、印度、泰国是主要的棉花进口国，上述国家进口量占全球总进口量的 80%，其中，中国是世界棉花进口第一大国。棉花主要出口国为美国、印度、澳大利亚等国，占全球总出口量的70% 以上。

八、食糖供需及贸易情况

我国是世界食糖主要净进口国。长期以来，由于国内生产白糖成本较高，且一般为低品质白糖，而国际贸易主要为原糖和高品质白糖，因此，我国白糖不具有出口优势，国内食糖生产主要满足国内消费需求，每年的出口量远低于进口量。

1. 食糖供需

2018 年全球食糖产量为 1.88 亿吨，其中，巴西、印度、欧盟、泰国、美国食糖产量占全球产量的 54.4%；全球食糖消费量 1.77 亿吨，其中，印度、欧盟、中国、美国、巴西占全球总消费量的 47.3%。

我国食糖产量在 1 100 万~1 300 万吨，而消费量在 1 300 万~1 400 万吨，产需缺口大约 200 万吨左右。2012—2018 年，我国食糖净进口量呈波动态势，由 2015 年的 485 万吨降至 2018 年的 280 万吨（图 5-2）。

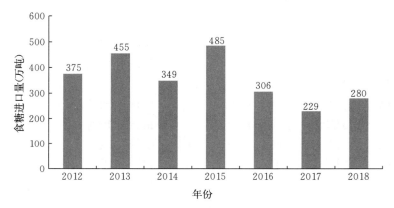

图 5-2 2012—2018 年中国食糖进口量

根据国际糖业组织（ISO）等相关分析咨询机构公布的数据，2017/2018 年榨季，全球食糖产量为 1.83 亿吨，消费 1.757 亿吨。同时，欧盟取消了食糖配额管制，放开白糖出口；印度加大食糖出口补贴，以消化过剩的供应量，国际食糖供应整体宽松。

2. 食糖贸易

2018 年全球食糖进口总量为 6 291 万吨，出口总量为 6 280 万吨。据海关统计，2018 年我国进口食糖 279.55 万吨，同比增长 22.0%，进口额 10.29 亿美元，同比减少 4.5%。我国进口食糖主要来自巴西（占进口总量的 26.2%）、古巴（占进口总量的 13.3%）、泰国（占进口总量的 10.3%）。

九、大豆供需及贸易情况

目前，世界上大豆种植已遍及 50 多个国家和地区，主产国主要有中国、美国、巴西和阿根廷等。全球大豆按南北半球分为两个收获期，南美（巴西、阿根廷）大豆的收获期是每年的 3—5 月，而地处北半球的美国和中国的大豆收获期是 9—10 月。因此，每隔 6 个月，大豆都能集中供应。

1. 大豆供需

全球大豆生产面积逐步增加，单产趋于稳定。2018/2019 年度全球大豆产量为 3.48 亿吨，其中美国、巴西、阿根廷大豆产量分别为 1.24 亿吨、1.18 亿吨、0.38 亿吨，3 国占全球产量的 80.46%。2018/2019 年度（10 月至次年 9 月）全球大豆消费量比上年提高 70 万吨，同比增幅低于往年均值。在之前的 5 年里，全球大豆消费量每年平均增长 1 640 万吨。全球大豆消费增长放慢的原因主要在于中国。由于进口美国大豆数量下滑所带来的缺口无法被完全弥补，导致中国大豆压榨量出现下滑。

2. 大豆贸易

2018 年全球大豆进口总量为 1.48 亿吨，出口总量为 1.52 亿吨。2018 年我国进口大豆 8 803 万吨，占我国大豆总需求量的近 90%，为 2011 年以来首次下滑，进口量同比减少 7.9%。中国在大豆进口渠道上呈现"三个高度集中"：进口国家集中于巴西、美国、阿根廷，进口通道集中于海上运输及五大港口，贸易主体集中于五大跨国巨头，贸易风险较高。

十、牛肉供需及贸易情况

1. 牛肉供需

国际牛肉生产不断增长。2018 年全球牛肉产量 0.68 亿吨，同比增长 0.2%。美国是世界上最大的牛肉生产国，但由于近年来犊牛数量急剧下降和活牛进口减少，导致牛存栏量下降，可用于屠宰的肉牛紧张。受国内外市场需求刺激，巴西牛肉产量增加，达 950 万吨。欧盟牛肉产量持续下滑，原因在于投入成本增加，政府支持减少，小规模和低效率养殖户逐渐退出。澳大利亚牛肉产量稳步增长，2018 年达到 219 万吨，同比增长 2.7%，其原因是草场改良和草料供应大幅改善。

全球牛肉消费量较平稳，近年来全球牛肉年消费量保持在 5 800 万吨左右。全球主要的牛肉消费国家和地区包括美国、欧盟、中国和巴西。2017 年，美国的牛肉消费量为 1 168 万吨，占全球牛肉总消费量的 19.88%；欧盟的牛肉消费量为 785 万吨，占全球牛肉总消费量的 13.37%；中国的牛肉消费量为 776 万吨，占全球牛肉总消费量的 13.21%；巴西的牛肉消费量为 765 万吨，占全球牛肉总消费量的 13.03%。

2. 牛肉贸易

全球牛肉进口量较平稳，2017 年全球牛肉进口量为 773 万吨。全球主要的牛肉进口国家为美国、中国和日本，分别占全球牛肉总进口量的 17.7％、10.5％和 9.3％。全球牛肉出口量有所增加，2017 年全球牛肉出口量为 964 万吨。全球主要的牛肉出口国家为印度、巴西、澳大利亚和美国，分别占全球牛肉总出口量的 18.7％、18.0％、15.7％和 12.3％。

第六章
海外粮源物流通道布局规划研究

一、必要性和可行性分析

1. 必要性

统筹内外保障粮食供给的现实选择。综合专家预测，2020 年，我国粮食总供给量约 5.4 亿～6.2 亿吨，总需求为 5.9 亿～6.9 亿吨。分品种看，2020 年，我国稻谷总产量约为 2.25 亿吨，需求量约 1.8 亿吨，供需总体平衡并略有结余；小麦产量预计在 1.4 亿吨左右，需求量约为 1.4 亿吨，供需将呈紧平衡状态；玉米产量预计为 2.3 亿吨，需求量预计为 2.56 亿吨，供需缺口约为 2 600 万吨；大豆产量预计约为 1 400 万吨，需求量约为 1.1 亿吨，供需缺口超过 9 000 万吨。在此预期下，从维系国家安全、经济安全、粮食安全的角度出发，在保障国内粮食生产稳定优化的同时，需强化国际市场一手粮源运筹，保障高效、畅通运输，确保在吃饭问题上不被"卡脖子"。

国际大粮商的普遍做法。以美国嘉吉、邦吉、ADM 和法国路易达孚以及日本丸红等为代表的国际粮商，对海外粮食收购、仓储、运输、贸易及加工的协同组织运作驾轻就熟。为保证本国粮食的稳定供应，日本丸红、全农等公司在美国等粮食主产区建立了完善的粮食物流体系，例如全农与阿根廷 ACA（供应玉米等）、巴西 COAMO（供应大豆、玉米）、澳大利亚的 CBH（供应大麦、小麦、牧草等）和欧洲 INVIVO GROUP（供应玉米、大麦、小麦等）等农业合作组织建立了合作关系，确保买得到、运得出。日本丸红每年从美国收购的大豆中有 1 800 万吨出口中国。

2. 可行性

我国投资企业具有强烈现实需求。我国实施农业走出去以来，中资企业对外农业投资开发取得长足进展，在外农业投资企业 1 300 多家。中资企业海外粮食权益产能达到相当规模，对保障我国农产品贸易健康稳定发展的意义和价值日益显现，这部分资源回运国内或投放国际市场，对境外粮食仓储、粮食码头等设施的布局和运转能力提出了新的要求。

企业具备相应基建和运营实力。中资企业在海外实施港口工程建设项目的能力毋庸置疑。世界吞吐量排名前200位的海外港口中，中资企业参与经营的有20多个。地中海西部门户瓦伦西亚港、北大西洋航线的入口毕尔巴鄂港、南亚地区的汉班托塔港，都由中国企业控股。中粮集团、中交建（中国交通建设股份有限公司）、招商局集团等企业在巴西、阿根廷、美国、澳大利亚、乌克兰等世界粮食核心产区取得了一批仓储、港口物流设施。如2018年3月，由中交建与和润集团参与投资建设的巴西圣路易斯港项目奠基，该港口具有18万吨级散粮装载能力，是目前全球最大的粮食专用码头，投产后将大大提高粮食运输能力。中粮集团全资控股罗马尼亚康斯坦察港粮食出口码头，收购的黑海玉米、小麦、大麦和油菜籽经黑海—地中海向欧洲、中东、非洲等地区出口。

东道国有加强对华农产品出口、吸引中国投资的内在动力。投资与农产品贸易相关的仓储、物流、码头等设施，对本国农产品对外出口有很大促进作用。向中国出口更多本国优势农产品、吸引中国投资完善基础设施，是粮食出口国的普遍愿望。如塞尔维亚希望向中国出口小麦和玉米等农产品，墨西哥希望扩大向中国出口玉米等农产品。

基础设施互联互通的协同配合。港口、铁路、公路等基础设施互联互通是"一带一路"建设的重头。海外农业物流通道相关基建既是互联互通的组成部分，又将为互联互通建设提供产业和经贸支撑，相得益彰。据不完全统计，中国已在"一带一路"沿线20多个国家和地区投资港口码头建设；与沿线47个国家签署了38个双边和区域海运协定，海上运输服务覆盖"一带一路"沿线所有国家，双方给予对方国家船舶在本国港口服务保障和税收方面的优惠，支持对方企业在本国设立商业设施；与沿线15个国家签署了16个双边和多边汽车运输协定，开通356条国际道路客货运输线路。互联互通对于促进粮食贸易发展、中国企业进入当地市场、增强粮食进口供应保障能力提供了便利。

3. 问题和困难

一是缺乏必要布局规划。中国企业在海外参与建设运营港口码头和物流枢纽取得了很大成绩，但可用于粮食物流的有多少、在哪里、有多大、谁在管还不完全清楚。不同类型企业出海投资港口各有特色，有的有资本、有的搞建设、有的有航线，但缺乏对支撑海外粮食贸易投资的通盘考虑。

二是中资企业协同不足。中国缺乏真正具有国际竞争力的大型农业企业集团，除中粮集团等大型国企具有海外全产业链布局的实力外，绝大多数农业对外投资贸易企业不具备投资运营港口的实力和经验。农业对外投资企业与港口运营企业之间在走出去方面又缺少必要的交流和协作。

三是外部竞争形势严峻。从企业自身看，中国企业走出去的时间比较晚，经验积累相对老牌国际粮商非常不足，加之国际粮商在南美洲、欧洲和澳大利亚等世界主要的粮食产区不断巩固自身粮食收购和仓储物流系统，通过控制巨量的粮食流动获取利益，对新进入者必然是虎视眈眈。中国企业直接大规模运筹一手粮源、扩大仓储物流经营权利并通过自身贸易渠道外运的难度很大。

二、国际主要粮源港口情况

1. 南美洲

该区域粮食输出有三大国际物流通道：一是经巴西、阿根廷、乌拉圭港口北上，经大西洋、巴拿马运河、太平洋流入中国、日本、印度尼西亚等亚洲地区。二是经巴西、阿根廷东部港口，经大西洋流入欧洲、非洲等地区。三是经大西洋、印度洋，通过马六甲海峡流入中国、日本、韩国等亚洲国家和地区。南美洲主要国家粮源港口情况如下。

（1）巴西

2017/2018 年，巴西大豆出口量为 7 550 万吨，预计到 2026 年，巴西大豆出口量将达到 9 000 万吨。巴西南部港口（桑托斯港、里奥格兰德港、巴拉那瓜港）经过现有基础设施改建，粮食出口能力得到较大提升；北部港口（巴卡雷纳港、圣塔伦港、维拉多康德港）经过投资扩建，因更靠近大豆主产区，在粮食出口总量中的份额持续上升，2017 年约占出口总量的 27%。巴西粮食流通从生产到销售分为农场库、收纳库、港口库、转运库 4 个环节。农场库仓容一般为 500 吨；收纳库建在合作社，单位仓容 3 万吨以下，连接生产者和粮食市场；港口库由大粮商和合作社共建，连接陆路和水路运输；转运库接收内河、铁路转运而来的粮食，经陆路运至港口库。在具体交易层面，粮食交易主体主要由购销公司、农民合作社和经纪人构成，购销公司和农民合作社都是以买断方式收购农民的粮食，粮食经纪人既可以受生产者委托代理出售其产品，也可以受买方委托向生产者收购粮食。巴西粮食出口港详见表 6-1。

中资企业在巴西投资情况：目前，中粮集团在巴西投资金额超过 19 亿美元，拥有 19 个物流仓储设施和 7 个加工厂。巴西桑托斯港口是全球粮食贸易最重要的集散中心之一，在这里形成了全球农产品东西半球的重要流动，中粮集团旗下 T12A 码头和 Cerealsul 码头正是这个全球农产品价值链条上的一环。

表 6-1 巴西主要粮食出口港

港口名称	区位	基本情况
桑托斯港	圣保罗州	全港可同时停靠 50 多艘远洋船，为巴西最大吞吐港、第一大集装箱吞吐港，出口以咖啡、大豆、柑橘、棉花等农产品为主
里奥格兰德港	南里奥格兰德州	港口泊位岸线总长 1 920 米，最大吃水 8.8 米，装卸杂货、化肥、谷粉、植物油、磷酸、冻肉等
巴拉那瓜港	巴拉那州	该港泊位岸线总长 2 454 米，16 个泊位，谷物泊位多，谷仓容量大，有专门的谷物装载设备，有大容量的植物油罐和输油管
巴卡雷纳港	巴拉那州	位于托坎廷斯河入海口附近。托坎廷斯河纵贯巴西南北，与中西部最大的粮仓马托格罗索州相连，水路运输便利
圣塔伦港	巴拉州	亚马孙河与支流塔帕若斯河交汇处，最大吃水 9.75 米，码头泊位线长 380 米，2 个泊位，一个吃水 5.5 米，一个吃水 9.8 米
维拉多康德港	巴拉州	巴西北部重要的大豆出口港之一

注：根据公开资料统计整理。

T12A 码头主要出口大豆、糖、饲料等农产品，年中转能力超过 300 万吨。通过 T12A 码头，中粮集团向中国、欧洲和中东等主销区出口农产品。Cerealsul 为小麦进口码头，年中转能力 50 万吨，通过全自动程序化管理实现货物的到达、存储和装载全程无人工参与，同时还向客户提供商情服务。

（2）阿根廷

阿根廷气候温和、土地肥沃，适合农作物生长，是世界上主要的粮食生产国和出口国之一，粮食出口能力仅次于美国、俄罗斯、欧盟和乌克兰。阿根廷大豆和玉米主产区均位于东北部的布宜诺斯艾利斯市、科尔多瓦省、圣菲省 3 个地区。

阿根廷粮食流通具有高度市场化和国际化的特点，收获的粮食委托合作社或公司代储代销，农民根据市场价格的走向决定出售产品的数量和时间。阿根廷大多数的粮食交易是通过中介机构（经纪公司、经纪人）完成的。仅布宜诺斯艾利斯和罗萨里奥两市就聚集了大批粮食经纪公司和粮食经纪人，作为粮食交易所和批发市场中的"润滑剂"，充分发挥了沟通供需、衔接产销的作用。阿根廷实行粮食流通及其设施私有化，道路运输、港口装卸等效率和仓储设施的管理水平较高。阿根廷绵延的海岸线和流经内陆的拉普拉塔河，为阿根廷依托海运出口粮食提供了便利条件。阿根廷粮食出口大多在巴拉那河沿岸港口，其中又以罗萨里奥、圣尼古拉斯、圣马丁、圣佩德罗、布宜诺斯艾利斯等港口为主，详见表 6-2。

表6-2 阿根廷主要粮食出口港

港口名称	区位	基本情况
罗萨里奥港	圣菲省	港区有10个海轮泊位,多数是谷物泊位,有专门的装卸设施和容量近20万吨的谷仓
圣尼古拉斯港	布宜诺斯艾利斯市	河港。位于阿根廷东部巴拉那河下游西岸,最大吃水7.3米,港区内有10多个海轮泊位,主要装运钢铁、乙醇、谷物、油菜籽等
圣佩德罗港	布宜诺斯艾利斯市	河港。位于阿根廷东部巴拉那河下游西岸,最大吃水8.2米,航道内有一个停靠海轮的港池和一个谷物码头。谷物码头有3个泊位
布宜诺斯艾利斯港	布宜诺斯艾利斯市	阿根廷重要的谷物输出港,全港有50多个泊位
布兰卡港	布宜诺斯艾利斯市	位于阿根廷南部纳波斯塔河口,是阿根廷最大的小麦输出港,全港主要输出小麦、肉类、皮革、羊毛、石油等
马德普拉塔港	布宜诺斯艾利斯市	有专门的谷物泊位,吃水深9.1米

注:根据公开资料统计整理。

2017年,中国从阿根廷进口大豆635万吨,其中,中粮集团进口大豆120万吨,占19%。中粮集团投资4.2亿比索扩建阿根廷罗萨里奥港驳船码头。

2. 北美洲

(1) 美国

美国粮食主产区位于中部、西部、北部。主产区依托贯穿产区的高速公路、铁路和水路运输网络连接各地粮食储备设施,并出口至外部市场。美国粮食储运体系发达,从生产到销售主要分为产地仓—内河或铁路中转库—加工厂或港口终端库等环节。粮食公司在主产地设立收购仓储点临时贮存,中转库承担粮食集散任务,港口终端库负责粮食出口和大宗商品的转口贸易。从农场筒仓到内河中转库主要依靠卡车运输;从中转库到加工厂或终端库,主要依靠铁路和驳船运输;出口主要是5万吨级以上的大型散装或集装箱船运输。

日本对美国的粮食物流体系进入很深,已经建立起一整套从粮仓到码头的完整海外粮食物流体系。1979年,日本全国农业协同组合联合会在美国设立由三井物产、三菱集团等财团参股的公司,其在新奥尔良市建造的散粮装船设施于1982年落成,每年粮食处理能力达到约1 000万吨。该公司继而通过收购美国国内粮食贸易商CGB谷物公司,掌握了CGB在美国国内的粮食采购及公路、铁路、内河运输网络，并先后在美国俄亥俄河上下游购买了众多粮库。2009 年，日本著名企业伊藤忠商事与美国邦吉公司以及韩国STX 集团美国分公司共同斥资 2 亿美元在美国华盛顿州的朗维尤港打造美国西海岸最大、最高效的散粮出口码头。该码头装备精良，装载能力强、卸货效率高，同时具有哥伦比亚河驳船运输的便利条件，每年粮食处理量可达800 万吨。

（2）加拿大

加拿大粮食主产区位于曼尼托巴省、萨斯喀彻温省和阿尔伯塔省 3 个省。加拿大粮食物流体系完善，其"四散化"（散装、散运、散卸、散存）流通方式已有百年历史，粮食集散方式主要依托公路和铁路。由卡车从加拿大各农场将粮食运至产区附近的收纳库，再由火车转运至港口附近的终端库或加工厂后出口。粮食从收购、中转到储运的各个环节都采用智能化管理，每个中转库和港口库都配备有完善的散粮流通设施计算机管理信息网络系统。科学合理的配套降低了粮食流通成本，也提高了粮食运输效率。加拿大粮食出口港分布于西部太平洋沿岸（温哥华港、鲁珀特太子港）、东部（桑德贝港、圣劳伦斯港），主要通过散粮船舶和集装箱远洋运输，详见表 6 - 3。

表 6 - 3　加拿大主要粮食出口港

港口名称	区位	基本情况
温哥华港	不列颠哥伦比亚省	西海岸港口
鲁珀特太子港	不列颠哥伦比亚省	西海岸港口。港区主要码头泊位 19 个，岸线长 3 015 米，最大水深为 23.5 米。谷物装卸每小时装 4 000 吨
桑德贝港	安大略省	东部港口
圣劳伦斯港	魁北克省	东部港口
蒙特利尔港	魁北克省	加拿大东部最大交通枢纽，全港 120 多个泊位，包括 14 个集装箱泊位且大部分是深水泊位，加拿大主要的粮食出口港之一

注：根据公开资料统计整理。

3. 东欧

该区域粮食输出国际物流通道是出黑海，经土耳其海峡、地中海、红海，进入印度洋，经马六甲海峡、南海进入东亚。东欧主要粮源港口情况如下。

（1）乌克兰

乌克兰是东欧主要产粮国和粮食出口国，世界银行预测，未来 20 年，乌克兰粮食年产量可达 9 000 万吨，年出口量达到 5 000 万吨。乌克兰敖德萨港是该国重要的出海港，每年约 42% 的粮食通过该港出口。但受乌克兰粮食物流仓储管理低效、铁路等基础设施缺少投资、内河航运开发利用不足、公路货运压力沉重等因素影响，乌克兰粮食从主产区到黑海港口的物流成本要比德国、法国出口高 40%，比美国高 30%。

中资企业在乌克兰投资情况：2016 年 5 月，中粮集团在乌克兰投资 7 500 万美元建设的 DSSC 码头正式投产。该码头由中粮集团全资持有和运营，码头总吞吐量为 250 万吨/年，仓储能力 14.3 万吨，是乌克兰最先进的农产品中转设施。该码头优化了乌克兰及周边国家粮食仓储物流体系，提高了粮食出口效率。2018 年初，中交建完成乌克兰南方港粮食码头航道疏浚工程，进一步提升了该港口粮食出口能力。

（2）罗马尼亚

罗马尼亚是欧洲主要的粮食生产国和出口国之一，欧盟第一大玉米生产国，第一大葵花籽生产国。2018 年，罗马尼亚葵花籽产量超过 335 万吨，占欧盟总产量的 36%；玉米产量超过 1 800 万吨，约占欧盟总产量的 30%；小麦产量达到创纪录的 1 020 万吨，约占欧盟总产量的 7.5%。葵花籽出口量常年保持在 100 万吨以上；玉米常年出口量 300 万吨以上；小麦常年出口量 200 万吨以上。

罗马尼亚拥有黑海第一大天然良港——康斯坦察港，该港位于黑海西岸，泛欧四号、九号和七号（多瑙河）三条通道交汇处。泛欧七号通道通过莱茵河和多瑙河将北海和黑海连为一体，因此，该港在欧洲多式联运货物通道中拥有独特而重要的作用，运至康斯坦察港的货物可通过多瑙河或公路、铁路等运往其他国家，既是西欧发达国家和中东欧新兴市场之间的货物中转站，也是中东欧国家商品运往高加索、中亚和远东地区的重要出海港。目前，该港共有泊位 156 个，其中，正常运营的泊位 140 个，码头总长度 29.83 千米，水深 7~19 米，最大可停靠 22 万吨级的散装货船和 16.5 万吨的油轮，年货物处理能力达 1.2 亿吨，可比肩世界主要港口。

4. 俄罗斯远东

俄罗斯远东地区农业用地大约 800 万公顷，可耕地 300 万公顷，耕地使用率不足 50%。中国企业或个人在远东地区经营农业已有一定规模，主要产品以大豆和玉米为主。俄罗斯远东地区运力不足是粮食流通的主要限制因素之一。因欠缺完善的海陆联运体系，俄罗斯境内运费成本较为高昂，中俄边境相关口岸的基础设施较为滞后，目前运输和装卸能力尚难以承担大豆等粮食大规模流通。俄罗斯远东地区粮食出口港详见表 6 - 4。

表6-4 俄罗斯远东地区粮食出口港一览

港口名称	区位	基本情况
东方港	滨海边疆区	俄罗斯远东地区最大、最深的港口，西伯利亚大铁路终点站，货运量全俄第三，港内有15个货运码头，主要用于俄罗斯出口货物及西欧至亚太地区过境货物运输。同时也是全俄最大的专业化集装箱港口之一，过货能力每年30万标准箱
纳霍德卡港	滨海边疆区	共有22个多功能码头，可装运各类货物，由纳霍德卡海运商港股份公司经营
符拉迪沃斯托克港	滨海边疆区	俄罗斯太平洋沿岸最大的港口之一，西伯利亚大铁路延伸至符拉迪沃斯托克港，所有码头都有铁路线与之相连
商港	滨海边疆区	共有16个7.3~11.6米的深水码头，其中9个码头用于装卸货物（金属、木材、冷冻货物等），另有粮食码头、集装箱码头、易腐烂货物码头、石油码头和集装箱码头，年吞吐能力为10万标准箱
渔港	滨海边疆区	该港由符拉迪沃斯托克海洋渔港股份公司运营，共有10个码头，有专门储存渔产品的仓储设施。渔港也可装卸木材、金属、纸浆、货物、集装箱、汽车等
波西埃特港	滨海边疆区	常年可通航，港口有3个码头，年吞吐能力150万吨。主要用于运输铁合金、有色金属、煤炭、水泥、集装箱，该港有铁路与西伯利亚、中国东北、朝鲜相连
扎鲁比诺港	滨海边疆区	用于运输废旧金属、木材、进口汽车等
瓦尼诺港	哈巴罗夫斯克边疆区	哈巴罗夫斯克边疆区最大的运输枢纽，是贝阿铁路终点站。瓦尼诺海洋商港公司负责运营，共有22个码头，年吞吐能力1200万吨

注：根据公开资料统计整理。

5. 大洋洲

澳大利亚是全球重要的粮食生产国及出口国，主要农作物包括小麦、大麦、油菜籽、高粱等，其中，小麦产量在2 000万吨上下，出口量保持在1 000万吨规模。澳大利亚拥有623个收粮点，仓储能力5 500万吨，相当于本国粮食一年半的产量。目前，澳大利亚粮食出口有三大运营商，CBH在西澳大利亚州，Graincorp在新南威尔士州，Glencore在南澳大利亚州，各自垄断所在州粮食供应链，包括仓储设施、内陆运输体系及出口港口。每年12月至次年5月是澳大利亚粮食装船出口高峰期。各粮商间对澳大利亚国内谷物收购、铁路运输、港口排船计划的竞争尤为激烈。这一局面也促使国际粮商在港口基础设施领域积极投资，如美国邦吉公司对西澳大利亚州班伯里港进行投资。澳大利亚主要港口情况详见表6-5。

表 6－5　澳大利亚主要港口

港口名称	区位	基本情况
杰拉尔顿	西澳大利亚州	港口泊位 5 个，水深 9.4～9.75 米，拥有散粮装卸泊位，年吞吐量达 150 万吨
奎那那	西澳大利亚州	岸线长 500 米，水深 12.2 米，最大可靠 3.5 万载重吨的船舶
奥班尼	西澳大利亚州	港口泊位 3 个，岸线长 700 多米，水深 10.4～12.2 米，粮食泊位 2 个
埃斯佩兰斯	西澳大利亚州	港口泊位 2 个，水深 10.6 米，装粮效率每小时 500 吨
泰弗纳德	南澳大利亚州	该港主要输出石膏，有 2 个泊位，最大吃水 9.75 米
林肯港	南澳大利亚州	港口泊位 6 个，其中，2 个水深 15 米，可停靠 6 万吨级的船只，用于装卸散粮出口，码头上装粮机 2 台，装粮效率每小时 4 000 吨
吉利港	南澳大利亚州	港口泊位 1 个，长 256 米，水深 11.6 米
阿德莱德港	南澳大利亚州	全港泊位 30 多个，其中，20 个是深水泊位。外港有 4 个泊位，入港航道水深 12 米，码头前沿水深 10.1～12.0 米；内港入港航道 8.2～11.0 米，港区南北伸展，20 多个泊位，散粮泊位长 204 米，水深 10.7 米，装粮效率每小时 800 吨
沃拉鲁	南澳大利亚州	最大吃水 9.14 米，港口有 6 个散装货泊位，主要装运小麦、大麦、燕麦，年输出量 50 万吨左右
波特兰	维多利亚州	该港水深 11.0～13.7 米，有 2 个散粮出口泊位，装船效率为每小时 1 200 吨
吉朗	维多利亚州	全港 20 多个深水泊位，年吞吐能力为 700 万吨，2 个散粮码头水深 11 米
墨尔本	维多利亚州	港区包括亚拉河港区、亚拉维尔港区、新港区、威廉斯顿港区，全港泊位 80 多个，深水泊位 60 多个。集装箱装卸居南半球首位
肯布拉	新南威尔士州	该港为澳主要煤炭输出港之一
纽卡斯尔	新南威尔士州	该港分 4 个港区，21 个泊位，其中，9 个为煤炭专用泊位
布里斯班	昆士兰州	该港为澳第三大海港，工商业和交通运输中心，对外输出羊毛、肉类、水果等，有集装箱泊位 3 个，低水位深 12 米，也是重要的军事基地
格拉德斯通	昆士兰州	全港泊位 10 多个，其中奥科兰角码头有 3 个泊位，分别用于煤、谷物和产品油，水深 9.8～12.28 米，谷物泊位后方有 4.8 万吨容量的谷仓，装船效率为每小时 400 吨
麦凯	昆士兰州	该港以糖出口为主，码头上仓库可堆存散糖 72.7 万吨，码头上装散糖机械每小时的效率为 1 400 吨，港区西北有散粮出口泊位

注：根据公开资料统计整理。

2015 年，中国岚桥集团以约 3.88 亿美元获得达尔文港 99 年的租赁权。达尔文港位于澳大利亚北部，是距离亚洲最近的澳大利亚港口，距离西澳大利亚州北部东金伯利地区农业产区 800 多千米。如在此建设粮食码头，可有效分流一部分经温德姆港出口的粮食，缓解港口压力，促进澳大利亚东金伯利地区提高粮食产出。

6. 中亚

哈萨克斯坦的粮食种植集中在伊希姆河流域的科斯塔奈州、阿克莫拉州和北哈萨克斯坦州，小麦种植面积占哈萨克斯坦全国的 80%；锡尔河中下游的江布尔州、南哈萨克斯坦州和克孜勒奥尔达州，主要生产棉花、水稻、冬小麦及蔬菜、瓜果等。哈萨克斯坦积极实施"走出去"战略，提出"在有出海口的国家建设港口码头，在世界的交通过境枢纽点建设运输物流港"，促进粮食出口是哈萨克斯坦在境外建设物流基地的基本动因。

哈萨克斯坦国营的哈萨克斯坦粮食合同公司在粮食收储、贸易中扮演重要角色。哈萨克斯坦向中国出口粮食主要经铁路运输，但中国与哈萨克斯坦在铁路轨距、边境换装能力等方面存在标准和承载能力不统一的问题，对两国粮食贸易便利化带来一定影响。2017 年，中粮集团从哈萨克斯坦进口小麦 14.7 万吨，占中国进口哈萨克斯坦小麦到货总量的 49%；在哈萨克斯坦投资 2 710 万美元，建设两处筒仓，缓解了当地仓容紧张的矛盾，完善了哈萨克斯坦粮食出口中国的设施条件。

7. 东南亚

(1) 泰国

泰国大米出口运输以海运为主。大型粮食海运港口主要有兰察邦港、考斯昌港、曼谷港。泰国大米出口中国主要是通过海运和河运抵达中国广东、福建、浙江、云南等地港口，海运以兰察邦港集装箱运输为主，河运主要是清盛口岸与清孔口岸，以货船经湄公河抵达云南昆明，以袋装米为主。泰国大米主要出口港详见表 6-6。

表 6-6　泰国大米主要出口港

名称	类型	基本情况
曼谷港	海港	港口总吞吐量 140 万标箱
兰察邦港	海港	港口总吞吐量 60 万标箱
考斯昌港	海港	停靠 5 万吨以下小型船只

（续）

名称	类型	基本情况
清孔口岸	河港	通行载重 200 吨以下船只；5 艘以内 50～150 吨船只靠泊
清盛口岸	河港	通行载重 200 吨以下船只

注：根据公开资料统计整理。

（2）越南

越南是世界水稻主产国之一，2017 年越南大米产量达到 4 500 万吨，对外出口近 600 万吨。湄公河三角洲因地势平坦、土地肥沃、灌溉水充足等因素一直是越南的谷仓，大米产量占越南总产量的 90%。越南大米出口以海港出口为主。粮食海运港口主要有岘港、海防港、胡志明国际港，河港有美萩港。越南大米主要出口港详见表 6 - 7。

表 6 - 7　越南大米主要出口港

名称	类型	基本情况
岘港	海港	位于越南主要农业区，盛产稻米、椰干、胡椒、橡胶、龙虾及螃蟹等；主要出口海产品、牛肉、大米、木薯粉等
海防港	海港	越南北方最大海港，主要泊位有 20 个，包括矿砂、煤炭、粮谷、集装箱等码头
胡志明国际港	海港	越南最大港口，是湄公河三角洲稻米的集散中心，出口农产品包括橡胶、茶叶、稻米及农副产品等
美萩港	河港	越南南部工商业城市和内河港口，前江省首府，稻米集散地

注：根据公开资料统计整理。

（3）柬埔寨

柬埔寨位于东南亚中南半岛，西部及西北部与泰国接壤，东部及东南部与越南为邻，西南濒临泰国湾，是"一带一路"重要沿线国家。柬埔寨大米总产量 900 万～1 000 万吨，柬埔寨大米出口量保持在 50 万～60 万吨的规模。柬埔寨大米主要经西哈努克港和金边港出口。西哈努克港是柬埔寨第一大海港，吞吐量 400 万吨以上，出口货物主要有大米及成衣等；金边港位于湄公河畔，距离首都金边 30 千米，是柬埔寨第二大港，吞吐量 160 万吨以上，是柬埔寨农产品出口国外的重要港口。

8. 非洲

非洲幅员辽阔，气候条件多样，适合多种植物生长，农业资源丰富，待开发耕地面积约 7 亿公顷，具有大规模开发潜力。玉米、木薯、高粱和小米及粟类等是非洲的主要粮食作物，占粮食总产量的 70% 以上。此外，非洲的埃塞俄比亚、埃及、多哥、贝宁、乌干达、加纳、马拉维、南非等国家都出口大豆，通过改善农业生产条件、加强科技支撑和运营管理，拓展种植面积、提升产量，可大大提升非洲国家大豆出口潜力。据不完全统计，中国企业在非洲20 多个国家承建或运营 20 多个港口，详见表 6-8。

表 6-8　中国企业建设或运营的非洲港口

国别	港口	基本情况
埃及	苏伊士港	埃及商港和运河中转港，码头岸线总长 1 575 米，水深 7.4～12.19 米，泊位 10 余个
埃及	塞得港	埃及第二大港，尼罗河三角洲东部所产棉花及稻谷的输出港。泊位 23 个，岸线长 5 188 米，最大水深 13.7 米。谷物装卸效率每小时 400 吨
埃及	达米埃塔港	位于地中海与尼罗河的交汇处，距离塞得港约 70 千米，占地面积达 25 平方千米
苏丹	苏丹港	规模和吞吐量在非洲东北部领先，具备散货、散粮、集装箱及畜牧产品装运能力，辐射乍得、中非和埃塞俄比亚
阿尔及利亚	舍尔沙勒港	建成后拥有 23 个码头，年吞吐量 650 万标准货柜和 3 000 万吨散货，成为阿尔及利亚最大港口和地中海最大的海上运输中心
厄立特里亚	马萨瓦港	泊位 6 个，岸线长 907 米，最大水深 9.1 米。货场面积约 3.5 万平方米，仓库容量为 7.5 万立方米
吉布提	多哈雷港	设计吞吐量为每年 708 万吨
肯尼亚	蒙巴萨港	东非最大港口，肯尼亚进出口货物主要集散地
坦桑尼亚	巴加莫约港	建成后，新港口集装箱年吞吐能力将成为非洲最大
坦桑尼亚	达累斯萨拉姆港	坦桑尼亚最大港口，泊位 11 个，最大水深 10 米，可靠泊 3 万吨散货船，主要出口剑麻、茶叶、棉花、豆饼、木材、咖啡、铜及油籽等
莫桑比克	马普托港	莫桑比克最大港口、重要中转港，泊位 11 个，最大吃水深度 12.8 米，谷物装卸效率 2 900 吨/天，主要出口玉米、蔗糖、水果、剑麻及棉花等
马达加斯加	塔马塔夫港	马达加斯加最大商港
毛里塔尼亚	努瓦克肖特港	港口陆域建有 2 座总面积为 7 908 平方米的仓库和 4.2 万平方米堆场，年吞吐能力为 50 万吨
几内亚	科纳克里港	西非无出海口国家货物吞吐中心

（续）

国别	港口	基本情况
科特迪瓦	阿比让港	西非第一大港，全港计有 30 多个泊位，年吞吐能力上千万吨，集装箱吞吐居西非第一，输出咖啡、可可、香蕉、木材、矿产品等
加纳	特马港	加纳第一大港，承担加纳 80％以上的港口物流，是西非重要的货物集散地和枢纽港
多哥	洛美港	西非地区唯一深水港和重要转口港，年吞吐能力 800 多万吨。多哥 90％以上进出口货物经该港运输
尼日利亚	莱基港	项目建成后，莱基港将成为西非最大的深水港之一
喀麦隆	克里比港	喀麦隆最大港口，辐射整个中非区域的航运中转、货物流通、进出口贸易
刚果（布）	黑角新港	码头最大可泊 6.5 万载重吨的船舶，年货物吞吐量约 1 000 万吨，主要出口棕榈油、烟叶、木材、橡胶、薄板、棉花及棉籽等
刚果（金）	马塔迪港	建成后港口泊位长度 350 米，年吞吐量 12 万个标准集装箱
安哥拉	罗安达港	安哥拉最大海港，西非主要港口之一。仓库容积 4 万立方米。谷物装卸效率每小时 100 吨，主要出口咖啡、玉米、糖、豆、木材、花生、棕榈油等
赤道几内亚	巴塔港	港区泊位有 3 个，岸线长 625 米，最大水深 14 米，主要出口货物为咖啡、可可、木材、棕榈果及香蕉等
圣多美和普林西比	圣多美和普林西比港	建设 2 个 7 万吨级、1 个 15 万吨级集装箱泊位以及一系列附属设施

注：根据公开资料统计整理。

三、总体思路、目标与任务

1. 思路

以提升粮食等重要农产品海外供应能力和可靠性为导向，围绕大豆、玉米、小麦、稻米等主要粮食作物，以获取海外粮食港口建设运营权为核心，以"一带一路"基础设施互联互通、农业走出去和东道国物流基础设施建设有机结合为路径，分类推进，逐步构建稳定、高效、畅通的海外粮源物流通道。

2. 目标

在进一步优化粮食进口来源的基础上，在农业对外投资与贸易重点区域，中国企业应积极参与粮食港口码头、物流节点的建设和运营，在重点区域、重点国家投资建设运营一批粮食专用码头和物流设施，构建稳定、高效、畅通的海外粮源物流通道，既能满足国内市场需要，又具备应对国际市场异常波动的能力。

3. 任务

一是构建海外粮食供应链系统。这是物流通道布局的核心任务。中国企业要深度介入海外产区粮食流通领域，积极参与粮食港口枢纽建设和运营，在此基础上完善和拓展粮食采购、仓储、运输、加工、包装、配送等功能，打通"粮食收购站—港口中转库—港口终端库—装载运输"链条，形成稳定流向和流量的粮食物流通道，组成集并、转储及运输的网络体系。

二是统筹布局建设国内外粮食物流通道。从国内粮食物流格局来看，中国粮食产销区区域特征突出，粮食物流通道主要有以环渤海地区为核心的东北粮食收储与外运物流通道、黄淮地区玉米和小麦的收储及其向销区发散的水陆转运通道以及以北粮南运与进口粮转运为重要特征的长三角、珠三角粮食物流通道和陇海线、西南线等内陆铁路粮食物流通道。应站在国内国际统筹布局的视角，建设与海外粮源物流通道紧密衔接的粮食港口物流系统，完善进境粮食口岸区域布局、承载能力布局和基础设施建设。

三是建立海外粮食物流信息化平台。未来在布局建设海外粮食物流通道过程中，要探索建立一套完整的海外粮食物流信息管理平台，覆盖中国企业在海外运营所有粮食码头，按照统一标准获取相关运营企业和贸易商粮食交易及物流信息，供相关部门及时掌握海外权益粮食产品交易和物流情况，并作出相应决策，加强风险防控。

四、各产业对外港口投资选择

基于对大豆、玉米、小麦、水稻等主产区及国别生产、出口现状的分析，结合各国港口及陆路运输通道现状，应重点在南美洲（巴西、阿根廷）、北美洲（加拿大）、东欧（乌克兰、罗马尼亚）、俄罗斯远东、大洋洲（澳大利亚）、中亚（哈萨克斯坦）、东南亚（泰国、越南、柬埔寨）、非洲〔莫桑比克、津巴布韦、坦桑尼亚、埃塞俄比亚、肯尼亚、尼日利亚、刚果（金）、安哥拉、赞比亚、南非〕等8大区域、21国的80个海港、河港及铁路站点推进港口物流仓储投资。

重点区域、投资对象国、主要产品及港口详见表6-9。

表6-9　农业对外投资港口选择

区域	国家	作物	主产区（生产和仓储基地）	出口港（物流枢纽）
南美洲	巴西	大豆	马托格罗索州、巴拉那州、南里奥格兰德州、戈亚斯州、南马托格罗索州	桑托斯港、里奥格兰德港、巴拉那瓜港、巴卡雷纳港、圣塔伦港、维拉多康德港
		玉米	马托格罗索州、巴拉那州、戈亚斯州、南马托格罗罗索州	
	阿根廷	大豆	布宜诺斯艾利斯市、科尔多瓦省、圣菲省	罗萨里奥港、圣尼古拉斯港、圣佩德罗港、布宜诺斯艾利斯港、布兰卡港、马德普拉塔港
		玉米	科尔多瓦省、布宜诺斯艾利斯市、圣菲省	
北美洲	加拿大	小麦	阿尔伯塔省、萨斯喀彻温省、曼尼托巴省	温哥华港、鲁珀特港、丘吉尔港
		大豆	魁北克省、安大略省	蒙特利尔港、桑德贝港、圣劳伦斯港
东欧	乌克兰	小麦	第聂伯罗彼得罗夫斯克州、扎波罗热州、哈尔科夫州、尼古拉耶夫州、赫尔松州、基洛夫格勒州、波尔塔瓦州	敖德萨港、伊利乔夫斯克港
		大豆	赫米尔松州、敖德萨州等	
	罗马尼亚	小麦	东南部巴尔干地区	康斯坦察港及加拉茨港、布勒伊拉港、图尔恰港
		大豆	东南部巴尔干地区	
俄罗斯远东	俄罗斯	小麦	车里雅宾斯克州、鄂木斯克州、新西伯利亚州、阿尔泰边疆区、克拉斯诺亚尔斯克边疆区和阿穆尔州	南乌拉尔斯克（中欧班列站点）、鄂木斯克（铁路枢纽）等
		大豆	阿穆尔州、滨海边疆区、犹太自治州	东方港、纳霍德卡港、符拉迪沃斯托克港、波西埃特港、扎鲁比诺港、瓦尼诺港
		玉米	阿穆尔州、滨海边疆区、犹太自治州	

（续）

区域	国家	作物	主产区（生产和仓储基地）	出口港（物流枢纽）
大洋洲	澳大利亚	小麦	新南威尔士州、西澳大利亚州、南澳大利亚州、维多利亚州	杰拉尔顿、奎那那、奥班尼、埃斯佩兰斯、泰弗纳德、林肯港、吉利港、阿德莱德港、沃拉鲁、吉朗、波特兰、墨尔本、青布拉、纽卡斯尔、布里斯班、格拉德斯通、麦凯
中亚	哈萨克斯坦	小麦	阿克莫林州、科斯塔奈州、北哈萨克斯坦州	阿克斗卡、巴尔喀什、加拉干达、阿斯塔纳、卡扎林斯克（中欧班列哈境内站点）
		大豆	阿拉木图州、东哈萨克斯坦州、科斯塔奈州	
东南亚	泰国	水稻	北方稻区、南方稻区、东北稻区、中部平原稻区	曼谷港、兰蔡邦港、考斯邦港
	越南	水稻	坚江省、隆安省、安江省、兴安省、同塔省、太平省、海阳省等	岘港、海防港、胡志明国际港、美荻港
	柬埔寨	水稻	波萝勉省、马德望省、卜迭棉芷省、茶胶省、磅同省	西哈努克港、金边港
非洲	莫桑比克	玉米	马普托省、赞比西亚省、加扎省、楠普拉省、尼亚萨省、索法拉省、马尼卡省、太特省	马普托港、贝拉港、克利马内港
		水稻	马普托省、赞比西亚省、加扎省、索法拉省、马尼卡省、太特省	
		大豆	马普托省、赞比西亚省、加扎省、中马绍纳兰省、德尔加杜角省	
	津巴布韦	玉米	东马绍纳兰省、中马绍纳兰省、西马绍纳兰省、马尼卡兰省	经莫桑比克马普托港、贝拉港出口
		大豆		

（续）

区域	国家	作物	主产区（生产和仓储基地）	出口港（物流枢纽）
非洲	坦桑尼亚	玉米	基戈马区、卡盖拉区、鲁夸区、姆贝亚区、伊林加区和莫罗戈罗区等	达累斯萨拉姆港、巴加莫约港、坦噶港
		水稻	欣延加区、姆旺扎区、姆贝亚区、莫罗戈罗区、塔波拉区、鲁夸区和基戈马区等	
	埃塞俄比亚	玉米	南方各族州、奥罗米亚州、阿姆哈拉州、贝尼尚古-古木兹州、索马里州	吉布提港（吉布提）
		大豆	南方各族州、奥罗米亚州、阿姆哈拉州、贝尼尚古-古木兹州、甘贝拉州	
	肯尼亚	玉米	裂谷省、尼扬扎省、中部省等	蒙巴萨港
	尼日利亚	玉米	埃多州、埃努古州、卡齐纳州、夸拉州、纳萨拉瓦州、尼日尔州、奥贡州	莱基港、阿帕帕港、廷坎港等
		大豆	凯比州、科吉州、尼日尔州、约贝州、纳萨拉瓦州	
	刚果（金）	玉米	赤道省、东方省	马塔迪港
	安哥拉	玉米	罗安达省、本戈省、本格拉省、威拉省等	罗安达港
	赞比亚	玉米	东方省、中央省	通过国际公路或铁路可通往达累斯萨拉姆、德班港、贝拉港、拉港等非洲主要港口
		大豆	全国适宜种植大豆	
	南非	大豆	姆普马兰加省、夸祖鲁-纳塔尔省、豪登省、东开普省	开普敦港、德班港、东伦敦港、伊丽莎白港、纳卡

1. 大豆

国际市场主要出口国：巴西、阿根廷、加拿大。

重要潜在出口国：乌克兰、罗马尼亚、俄罗斯、哈萨克斯坦、南非。

生产潜力提升国：莫桑比克、津巴布韦、埃塞俄比亚、尼日利亚、赞比亚。

2. 玉米

国际市场主要出口国：巴西、阿根廷、俄罗斯。

重要潜在出口国：莫桑比克、津巴布韦、坦桑尼亚。

生产潜力提升国：埃塞俄比亚、肯尼亚、尼日利亚、赞比亚、刚果（金）、安哥拉。

3. 小麦

国际市场主要出口国：加拿大、乌克兰、罗马尼亚、俄罗斯、澳大利亚、哈萨克斯坦。

4. 稻米

国际市场主要出口国：泰国、越南、柬埔寨。

重要潜在出口国：莫桑比克、坦桑尼亚。

五、有关建议

一是加强政策支持引导。制定海外粮源物流通道规划，加强规划引领。境外粮食物流通道涉及境内外基建类投资项目，资金使用规模大，程序复杂，应有针对性地支持一批符合农业走出去总体规划的政策措施。财政资金以资本金注入、贷款贴息、政府购买服务等方式加大投入，引导金融机构加大对中资企业投资的海外粮食供应链项目融资。

二是完善协调工作机制。建立海外粮食物流信息会商机制，定期调度主要海外粮源地粮食物流情况，形成贯通"产端-流通-销端"海外粮源的动态信息，服务决策。协调海外粮食主产区中资港口码头运营企业、贸易企业、生产加工企业建立良好协作关系，共同参与海外粮源物流通道运筹。

三是实施一批重点项目。围绕大豆、稻米、玉米、小麦等主要作物，重点支持一批海外粮源物流通道项目。在中资企业负责或参与运营的港口中，在准确测算当地粮食出口潜力的基础上，引导和支持企业建设运营一批粮食码头；

支持农业走出去企业联合港航企业通过设立、并购、参股等形式合作运营一批海外粮食码头。

四是提供精准公共服务。组织相关研究机构系统研究主要粮食进口来源国的粮食供应链、粮食流通管理体制及相关法律法规和市场准入情况，为企业提供及时、高效、管用的信息服务。对涉及法律层面问题，必要时组织熟悉境外投资业务的法律专家提供指导。

第七章
农业走出去空间选择

一、空间选择总体思路

以提升粮、油、棉、糖、牛羊肉、天然橡胶等重要农产品海外供应能力和可靠性为导向，围绕大豆、玉米、小麦、稻米等主要粮食作物，以获取海外重要农产品权益资源为核心，以"一带一路"基础设施互联互通、农业走出去和东道国物流基础设施建设有机结合为路径，分区分类分品种施策，逐步构建稳定、高效、畅通的海外农产品供应格局。

对现有世界粮食主产区产量水平高且总体稳定，可预期性强，经济社会发展相对成熟的国家，如巴西、阿根廷、乌克兰、澳大利亚、加拿大、罗马尼亚等国，支持企业通过并购、参股或新建等方式合作经营一批粮食码头设施或内陆物流基础设施，与当地农户及合作社建立直接采购关系，积极参与粮食流通合作，支持已在海外开展港口建设运营的企业投资运营粮食专用码头及配套设施。

对粮食产量提升具有较大潜力的地区，如哈萨克斯坦以及东欧、非洲部分农业资源丰富的国家，根据国际粮食贸易情况和国内外市场需求，以市场化方式引导其提升国内粮食生产能力和流通能力，增强对外供给，稳步扩大对其粮食采购，稳定其预期。

对存在粮食安全问题的地区和国家，如非洲、东南亚等的部分国家，重点是通过农业科技援助等方式助其提高粮食生产水平，逐步提高其粮食自给率，降低其对外部粮源的依赖。

二、区域空间总体选择

对农业走出去空间选择的区域划分有两种：一种是程国强（2013）认为欧美发达国家农业资源比较丰富，经营粗放，尚有一定的开发潜力，但农业基础设施、技术、融资、经营管理及营销等体系完善，存在较高的进入壁垒。与此相反，东南亚、非洲等的部分发展中国家农业基础设施薄弱，技术水平和生产方式相对落后，农业发展水平不高，但农业资源丰富，开发潜力巨大。综合考虑国家外交、地缘政治、国内农产品需求以及全球粮食安全等需求，建议以部分农业资源丰富的发展中国家为重点区域，加大境外农业投资力度，将可供选择的区域划分为四类。一是东南亚和其他亚洲国家，包括马来西亚、印度尼西亚、泰国、越南、缅甸、柬埔寨、老挝、巴基斯坦、土耳其等。二是南美洲，包括巴西、阿根廷、委内瑞拉、厄瓜多尔、智利、秘鲁等。三是中东欧及中亚，包括俄罗斯、乌兹别克斯坦、哈萨克斯坦、乌克兰等。四是非洲，包括尼日利亚、塞内加尔、加纳、莫桑比克、坦桑尼亚、贝宁、乍得、马里、布基纳法索、津巴布韦、刚果（布）、刚果（金）等。另一种是崔军（2016）认为农业走出去区域空间选择的根本出发点是落实国家粮食安全需求，确保粮食等重要农产品稳定供给，同时服务政治、经济、外交大局，助力构建人类命运共同体。综合考虑当前我国大宗农产品进口格局、推进"一带一路"倡议、农业走出去现状等因素，按区域特点与优势划分为"一带一路"沿线区域、拉美地区、非洲地区等。

依据空间选择总体思路，在崔军（2016）的研究基础上，将农业走出去区域划分为"一带一路"沿线区域、拉美地区、非洲地区、其他地区（详见表7-1）。

三、分区国别选择

在上述区域空间总体选择的基础上，基于农产品生产国特点与优势，以我国当前重要农产品为主线，对每个区域内的国家采用主成分分析方法，分析确定具体投资区域内主要农产品优先布局的国家顺序。

国别选择的总体策略是对于生产条件与政策环境好的出口国，以仓储物流投资合作为重点，增强国际农产品市场供给能力，提升企业的国际竞争能力；对于农业资源丰富、国内政局稳定的国家，加强品种、技术和投资合作，重点支持我国战略紧缺型农产品全产业链开发，增强境外资源与产品运筹能力，加强贸易渠道建设，满足国内供给需要；对于粮食进口国和主要缺粮国，通过生产和投资合作，增强东道国生产能力，提高产量，优先在当地销售或作为援助粮源，树立负责任大国形象。

1. 影响因素确定

通过面向国内典型农业走出去大型企业的问卷调查、面对面座谈、专家研讨等方式，归纳得出影响农业走出去空间区位选择的主要因素，包括经济环境

表7-1 区域内重点产业布局

区域划分	合作优势	合作劣势	重点产业
"一带一路"沿线区域（包括东南亚、南亚、中东、中东欧等地区的"一带一路"沿线国家）	①资源禀赋优越且互补。该区域各国土地肥沃，雨量充沛，光热充足，有大量可开发土地，我国与该区域的各国在农业资源与技术等领域互补性强。②政策优势明显。"一带一路"沿线国家，符合我国"一带一路"的对外合作倡议。③合作基础良好。农业投资基础较好，贸易往来密切	①目标国国情差距比较大，部分国家存在领土纠纷。②美国重返亚太带来的影响。美国外交战略的转移将推动该区域各国在农业合作与贸易上相对发生转变，对该区域的竞争与合作格局带来了更多的不确定性影响。③其他风险主要集中在市场风险领域	①棕榈油。主要是在东南亚地区合作开发。②天然橡胶。根据现有天然橡胶产业的资源与现状基础，可以以泰国、印度尼西亚和马来西亚为重点。③水稻。以柬埔寨和缅甸为重点，建立仓储物流与贸易加工和出口贸易合作。④甘蔗。以缅甸、老挝、越南、印度尼西亚、马来西亚糖料资源合作开发基地，开展甘蔗种植与加工一体化发展。⑤肉牛肉羊。主要是中亚地区。⑥渔业。东盟十国之中九国沿海、海洋渔业资源丰富
非洲地区（包括非洲地区的"一带一路"沿线国家除外）	①资源开发潜力大。非洲土地资源丰富，非洲土地资源总量居世界各大洲第二位。非洲大陆有着丰富的可供开发的农业资源，光热条件充足，农产品种类丰富，盛产热带经济作物。②政治互信良好。我国一直注重与非洲的合作关系，尤其是2000年中非合作论坛的办以来，中非合作进入了崭新的历史时期，我国多次对外宣布相关援非举措政策以加强中非合作关系。③合作基础扎实。我国对非洲农业投资规模体规模不大，但近几年增长迅速。该区域是我国农业援外的主要区域之一，已经具备一定的合作基础和条件	①政治社会风险大。多数非洲国家法制不完善，发生违约风险的概率较高。②基础条件较差。非洲大多数国家普遍农田水利等农业基础设施、水电路等市政基础设施均较为落后，农业开发成本较高。③产业配套不完善。农业上下游产业接不完善，农资等供应环节缺失，开展农业投资容易受到关联产业发展不足带来的约束。④区域差异大。非洲各国有着不同的文化习俗、宗教信仰等差异较大，对各国统筹规划合作的难度较大	①热作农业（棕榈油、天然橡胶、剑麻等）。非洲是世界经济作物特别是热带经济作物的重要产地和主要出口地区之一，热带作物在世界市场上占有重要地位。②粮食产业（提升当地粮食自给率）。非洲国家农业自然条件比较优越，粮食作物单产很低，对谷物又有较大消费需求，迫切需要引进优良品种、先进技术和成功经验来提高粮食生产能力。③海洋渔业（远洋渔业）。非洲海水和淡水渔业资源非常丰富，渔业主要以西非海域的渔业捕捞为主。毛里塔尼亚、几内亚比绍、几内亚、塞内加尔、摩洛哥、加纳、加蓬、喀麦隆、安哥拉等国家是我国近洋渔业最早走出去的国家

（续）

区域划分	合作优势	合作劣势	重点产业
拉美地区（包括巴西、阿根廷等国家、"一带一路"沿线国家除外）	①资源禀赋（耕地、水资源）。拉美地区拥有可耕地面积超过7亿公顷，未开垦土地5亿公顷，增产潜力非常大，被誉为"21世纪粮仓"。拉美地区是全球大规模农业的主要产区。②下游投资空间较大。农产品下游在交通、仓储、码头等领域建设仍有很大需求与空间。③贸易交往密切。该区域是世界上重要的新兴市场，多数国家政府稳定、投资环境相对较好。拉美地区已成为我国农产品贸易中占有重要地位	①土地等政策限制。土地政策趋于严格。②劳工成本与管理风险（工会组织比较强势，劳动力用工成本较高。拉美国家的劳工政策管控严格，破除垄断难度大。四大粮商早在20世纪80年代便入住南美洲主要农业国家，从仓储收购、物流运输、港口码头、生物乙醇等农产品加工等领域投资一批项目	①大豆。将拉美丰富土地资源优势与我国国内市场需求相对接，开展大豆等大宗农产品的仓储物流、码头贸易建设，与这些企业共同打破国际粮商的垄断格局。②热带农业。主要是天然橡胶、油棕榈等资源产业，特别是在东南亚热带种植潜力不大的趋势下，未来热带地区将是热带农业资源开拓的趋势大，农业开发基础条件相对完善与区域的种植③肉牛肉羊。阿根廷、乌拉圭是南美养牛业最发达的国家。其中，阿根廷的牛肉出口居世界首位。通过对阿根廷良种牛的引种和资源交换，开展转基因生物技术、克隆技术等合作研究，提高我国肉牛养殖业发展水平
其他地区（主要包括美国、加拿大等国家、"一带一路"沿线国家除外）	①科技优势发达（农资、农药、种业、食品等产业发达。欧美国家基本上实现了传统农业向现代农业的转变、农业生产技术与物质装备先进。同时，在资源禀赋方面、北美地区的规模优势明显。②在技术、研发和创新等方面处于全球领先地位，外国投资者在这些地区容易获取较高回报。创意、生产效率高、适应能力强，多数市场受过良好教育、基础设施完善③市场互补性强。我国是全球最大的农产品市场（主要是我国大都将我国的种业、农资等消费市场，大多数跨国企业均将我国作为其重要的目标市场	①国内企业国际化运营经验不足（特别是兼并重组、投融资等领域实践经验较少）。受国际宏观经济金融形势影响波动大。欧美跨国企业对实体产业结合程度较深、金融服务对实体产业的渗透透明度高，因此国际金融形势的变化对企业影响更明显。②国际型人才缺乏。国际型团队或人才缺当地情况，将有助于我企业顺利注册和尽早开始运营，与我国企业参与跨国投资起步晚是我国国际化人才的缺乏以及人才管理经验的缺乏	该区域以兼并购、控股、合资等手段为主。聚焦以下产业领域、食品加工产业（包括乳制品加工、精料、葡萄酒业领域）、农资与现代种业）、农产品仓储贸易等

资料来源：崔军（2016）。

因素、政治及社会环境因素、农业资源禀赋因素、基础设施因素四大类。每类
影响因素分为若干变量，详见表7-2。

表7-2 农业走出去空间选择指标

序号	指 标	指标释义	与布局关系	数据来源
一	**经济环境因素**			
1	**经济发展水平**			
(1)	国内生产总值（GDP）	用于表示一个国家或地区的市场规模	＋	世界银行
(2)	人均国内生产总值（GDPP）	用于衡量或表示一个国家的经济发展程度	＋	计算
(3)	农业生产规模（AGDP）	农业国内生产总值占国内生产总值的比重	＋	世界银行
2	**通货膨胀**			
(4)	通货膨胀率（IR）	按消费者价格指数衡量，反映出普通消费者在指定时间间隔（如年度）内购买固定或变动的一篮子货物和服务的成本的年百分比变化。反映出普通消费者在指定时间间隔（如年度）内购买固定或变动的一篮子货物和服务的成本的年变化率	－	世界银行
3	**经济政策**			
(5)	贸易制度（TS）	用来测量一个国家或地区关税或非关税壁垒的严重程度。本研究选用世界各国的平均关税税率来衡量	－	
(6)	外资制度（FCS）	用来测量一个国家或地区对外资流入的鼓励和欢迎程度。外资相关政策越友善，对外资吸引力越强，选择该国建立投资分支的可能性也会相对更高。但一国的外资政策不便于直接反映，为此以2014年度外资流入量占该国GDP的比重来间接度量，隐含的假定是对外资开放度越高，政策越友善，所吸引的外资规模也相应越大	＋	
(7)	融资便利度（FCD）	主要测量一个国家或地区企业融资的便利程度	－	
(8)	营商环境指数（DBI）	排名越靠前，营商环境越便利	＋	世界银行

（续）

序号	指　　标	指标释义	与布局关系	数据来源
4	**东道国与我国的经济关系**			
（9）	双边贸易额（BTV）	我国与东道国双边贸易额	＋	统计局
（10）	是否与我国签订投资协定（BIT）	虚拟变量，有协定为1，反之为0	＋	商务部
二	**政治及社会环境因素**			
1	政局稳定性（PS）	政治是否能稳定，是否暴力	＋	世界银行
2	法律权利度指数（FS）	衡量的是担保品法和破产法通过保护借款人和贷款人权利而促进贷款活动的程度。指数范围由0至12，数值越高表明担保品法和破产法越有利于获得信贷		
3	双边政治关系（BPR）	用没有建交、建交关系、合作关系、伙伴关系来衡量。分别用0、1、2、3表示	＋	
4	两国距离（DBC）	通过经纬度计算。数据经计算所得	＋	计算
三	**农业资源因素**			
1	**人力资源**			
（1）	农业就业人员（AP）	农业就业人员占就业总数的比重	＋	世界银行
2	**农业资源**			
（2）	耕地资源（CA）	耕地面积占土地面积的比重	＋	世界银行
（3）	水资源（WA）	人均可再生内陆淡水资源（立方米）	＋	世界银行
（4）	产量（CP）	走出去布局的主要农产品产量	＋	联合国粮食及农业组织
（5）	粮食自给率（GSS）	主要国家的粮食自给率		网络粮食自给率地图测算
3	**战略资产资源**			
（6）	研发强度（RDS）	研发投入占国内生产总值的比重	＋	世界银行
四	**基础设施因素**			
1	物流绩效指数（LPI）	按照从1（很困难）至5（很容易）打分来评估安排具有竞争性定价的市场货物的难易度	＋	世界银行
2	货柜码头吞吐量（CPT）	衡量的是通过陆运到海运（反之亦然）方式运输的集装箱流量，以20英尺当量单位的标准尺寸集装箱为计算单位	＋	世界银行

（续）

序号	指　标	指标释义	与布局关系	数据来源
3	铁路（RK）	总千米数	＋	世界银行
4	我国企业在当地的物流设施情况（CLP）	虚拟变量。在产地建有仓储设施为1；在主要出口港拥有独立码头及装卸搬运设施为2；使用本集团系统下的远洋运输船队为3	＋	

注：英尺为非法定计量单位，1英尺＝0.304 8米。

（1）经济环境因素

经济状况主要涉及经济发展水平、通货膨胀率高低、经济政策以及东道国与我国的双边贸易情况等。

①经济发展水平主要用东道国国内生产总值、人均国内生产总值和农业国内生产总值占总国内生产总值比重来衡量。经济基础相对较好且发展稳定的地区，有助于国外企业制定长期的投资开发计划和回报预期。

②通货膨胀率越高，当地货币贬值程度就越大，无形中吞噬了企业经营所得。

③经济政策用贸易制度、外资制度、融资便利度以及营商环境指数来衡量。东道国企业总税率越低、东道国经济自由度指数越高、信贷融资越便利。

④东道国与我国的经济关系用双边贸易额和双边投资协定来衡量。我国与东道国间有双边投资协定且双边贸易额越大，我国越容易投资。

（2）政治及社会环境因素

政治状况用政局稳定性和东道国与我国政治关系来衡量。如果当地政治局面稳定、法制建设完善、行政管理廉洁高效、治安环境安定，将在很大程度上保障投资的安全及产品的顺畅流通。而一些政局动荡、国家政策不稳定的地区，不但难以保障开发回报，甚至会遭遇所有投资血本无归的状况。由于农业资源开发周期长，投入高，且受东道国政策影响大，因此海外农业资源开发潜在国家和地区，应与我国有良好的政治经济关系，这样可以在很大程度上降低海外农业投资风险。

（3）资源禀赋因素

在我国对外直接投资当中，资源寻求型的投资所占比例非常高。资源禀赋指特定区位中的生产要素的丰裕程度，包括人力资源、农业资源、战略资产等。丰富的人力资源可以提高生产效率。农业资源涉及土地、水、气候等资源数量的丰歉、资源质量优劣以及时空分布和演变等。农业自然资源条件是发展农业生产的基础，自然资源充沛及各要素时空分布合理的地区是海外资源开发的首选地区。农业自然资源的开发难度，将在很大程度上影响开发进度、资金投入甚至开发效果。研发投入占国内生产总值的比重表示一国技术、知识等战略资源的禀赋程度。

（4）基础设施因素

基础设施与物流绩效指数、货柜码头吞吐量、农业机械数量、车辆数量、铁路总千米数相关。物流绩效越好，货柜码头吞吐量越大，铁路总千米数越长，农产品流通越好。农业机械数量越多，生产效率越高，基础设施水平越好。企业在投资对象国投资运营的仓储物流能力越强，农产品调度能力越强。

2. 方法论述

本研究的总体思路是用主成分分析方法计算各地区投资环境综合指数。

根据上节影响因素分析筛选出的 p 个变量进一步进行主成分分析。经过标准化转换，通过相关矩阵可以得到特征值，根据最初 m 个特征值在全部特征值中的累积百分率大于或等于 95% 的要求决定 m 的具体数值。

假定前 m 个主成分分别为：

$Z_1 = f_1$（GDP，GDPP，AGDP，…）

$Z_2 = f_2$（GDP，GDPP，AGDP，…）

……

$Z_m = f_m$（GDP，GDPP，AGDP，…）

将第 i 地区经过标准化转换后的各解释变量数值代入，可得到 Z_1，Z_2，…，Z_m 的数值。然后根据这 m 个主成分对应的特征值进行加权累计，即得到该国家的一个综合指数。数字表达式如下：

$E = \gamma_1 Z_1 + \gamma_2 Z_2 + \cdots + \gamma_m Z_m$

其中，E 为投资环境综合指数；γ_1，…，γ_m 为前 m 个特征值。

3. 供应能力的国家排序

（1）水稻

水稻重点分布在泰国、柬埔寨、缅甸等"一带一路"沿线国家和非洲地区。

通过主成分分析，"一带一路"沿线区域内针对水稻的投资优先顺序依次为越南、泰国、老挝、柬埔寨、缅甸、巴基斯坦、印度尼西亚、印度、菲律宾、孟加拉国、马来西亚等国家（表7-3）。这些国家以种子、粮食加工、出口贸易为主。印度尼西亚、孟加拉国、泰国、印度水稻种植面积1 000万公顷以上；在巴基斯坦水稻是第二大主粮，种植面积约290万公顷；缅甸水稻种植面积679万公顷、越南782万公顷、柬埔寨310万公顷。这些国家水稻种植面积大，但是单产低，是我国相应产量的2/3，有的甚至不足1/2。

非洲地区投资优先顺序依次为安哥拉、坦桑尼亚、莫桑比克、马达加斯加、科特迪瓦、塞拉利昂、尼日利亚、加纳、几内亚、刚果（金）等国家（表7-3）。我国走出去的主要任务是以提升当地的粮食自给率为主，加强非洲地区贸易和物流设施建设和运营等方面的合作。

表7-3 水稻投资环境指数

区　　域	国家	投资环境指数
"一带一路"沿线区域	越南	1.34
	泰国	1.16
	老挝	1.09
	柬埔寨	1.03
	缅甸	0.82
	巴基斯坦	0.75
	印度尼西亚	0.65
	印度	0.50
	菲律宾	−0.46
	孟加拉国	−0.65
	马来西亚	−0.76
非洲地区	安哥拉	0.76
	坦桑尼亚	−0.28
	莫桑比克	−0.28
	马达加斯加	−0.41
	科特迪瓦	−0.60
	塞拉利昂	−0.92
	尼日利亚	−0.94
	加纳	−1.24
	几内亚	−1.98
	刚果（金）	−2.50

（2）小麦

从表7-4可以看出，"一带一路"沿线区域内小麦品种投资优先顺序依次为澳大利亚、意大利、印度、波兰、俄罗斯、罗马尼亚、土耳其、巴基斯坦、乌克兰、白俄罗斯等国家。其他地区投资优先顺序为美国、德国、法国、加拿大、芬兰、西班牙。"一带一路"沿线区域内国家以先进农业技术、贸易加工物流为主，小麦单产普遍不高。

表 7 - 4　小麦投资环境指数

区　　域	国家	投资环境指数
"一带一路" 沿线区域	澳大利亚	1.13
	意大利	0.57
	印度	0.05
	波兰	−0.12
	俄罗斯	−0.31
	罗马尼亚	−0.36
	土耳其	−0.49
	巴基斯坦	−0.53
	乌克兰	−0.72
	白俄罗斯	−1.07
	哈萨克斯坦	−1.24
	阿富汗	−1.53
其他地区	美国	3.62
	法国	1.11
	德国	1.94
	加拿大	0.72
	芬兰	0.35
	西班牙	0.42

（3）玉米

从全球的视角来看，玉米的流通和贸易逐渐成为人们关注的热点之一，而我国玉米的贸易都表现出较强的"大国"效应。

从表 7 - 5 可以看出，"一带一路"沿线区域内玉米投资环境优先顺序依次为印度尼西亚、俄罗斯、印度、泰国、波兰、罗马尼亚、土耳其、越南、乌克兰、巴基斯坦、柬埔寨、白俄罗斯、老挝、菲律宾、缅甸等国家。我国走出去的任务主要是以农业生产技术的合作以及种子、仓储加工为主。

非洲地区投资环境优先顺序依次为尼日利亚、埃塞俄比亚、安哥拉、加纳、坦桑尼亚、科特迪瓦、马拉维、马达加斯加、肯尼亚、津巴布韦、喀麦隆、莫桑比克、塞拉利昂、几内亚、刚果（金）等国家。我国走出去的任务主要是以提升当地自给率为主，同时开展种子、仓储、物流等合作。

拉美地区投资环境优先顺序依次为巴西、阿根廷、墨西哥、乌拉圭、巴拉圭、委内瑞拉等国家，我国走出去的任务主要是开展玉米贸易、仓储物流等合作。

其他地区的投资环境优先顺序依次为美国、德国、加拿大等国家，我国走出去的任务主要是通过兼并购、控股、合资等方式与当地企业合作。

表 7 - 5　玉米投资环境指数

区　　域	国家	投资环境指数
"一带一路"沿线区域	印度尼西亚	0.83
	俄罗斯	0.81
	印度	0.73
	泰国	0.34
	波兰	0.29
	罗马尼亚	0.25
	土耳其	0.20
	越南	0.20
	乌克兰	0.20
	巴基斯坦	−0.01
	柬埔寨	−0.05
	白俄罗斯	−0.26
	老挝	−0.43
	菲律宾	−0.51
	缅甸	−0.82
非洲地区	尼日利亚	−0.24
	埃塞俄比亚	−0.77
	安哥拉	−0.78
	加纳	−0.81
	坦桑尼亚	−0.81
	科特迪瓦	−0.99
	马拉维	−1.02
	马达加斯加	−1.10
	肯尼亚	−1.10
	津巴布韦	−1.26
	喀麦隆	−1.38
	莫桑比克	−1.39
	塞拉利昂	−1.41
	几内亚	−1.45
	刚果（金）	−1.57

（续）

区　域	国家	投资环境指数
拉美地区	巴西	0.81
	阿根廷	0.55
	墨西哥	0.37
	乌拉圭	−0.41
	巴拉圭	−0.75
	委内瑞拉	−0.92
其他地区	美国	5.84
	德国	2.7
	加拿大	1.76
	法国	1.66
	西班牙	1.32
	意大利	1.25

（4）天然橡胶

由于天然橡胶对生长条件的要求，全球适宜种植天然橡胶的土地资源十分有限，而且橡胶树在定植6～9年后才能开割，天然橡胶的供给增速较为缓慢。1961—2014年，东盟诸国天然橡胶平均收获面积占到了世界天然橡胶平均收获面积的80.56%，其年均产量占世界整体年均产量的78.39%。泰国、印度尼西亚、马来西亚、印度、越南的年均产量位居世界前五。

从表7-6可以看出，天然橡胶主产区集中在"一带一路"沿线区域。投资环境优先顺序依次为泰国、印度尼西亚、马来西亚、越南、印度等国家。我国走出去的任务主要是与当地在种植、生产天然橡胶合作的基础上，兼顾天然橡胶产品深加工。我国在中国-东盟自由贸易区已有的战略布局基础上，由被动接受国际天然橡胶价格波动向主动尝试影响国际天然橡胶价格体系发展。

表7-6　天然橡胶投资环境指数

国　　家	投资环境指数
泰国	0.65
印度尼西亚	0.50
马来西亚	0.30
越南	−0.08
印度	−0.15

如广东省农垦集团公司在东南亚形成了集橡胶种植、管理、采割、加工于一体的橡胶产业体系，下一步将拥有一定的市场定价权。

（5）棕榈油

棕榈树主要分布在南北纬10°之间的区域。马来西亚、印度尼西亚等东盟国家占全球棕榈树资源的80%以上，我国的天津聚龙嘉华投资集团有限公司、中国农业发展集团有限公司等企业在东南亚国家有一定的发展基础。非洲地区和拉美地区也有一定的合作潜力。

从表7-7可以看出，"一带一路"沿线区域内投资环境优先顺序依次为印度尼西亚、马来西亚、泰国等国家，这些国家以棕榈树种植、加工为主。马来西亚、泰国基本饱和，印度尼西亚现在有700万公顷已经开发，未来还有400万公顷发展潜力。

非洲地区投资环境优先顺序依次加蓬、尼日利亚、加纳、多哥、贝宁、利比里亚、塞拉利昂、科特迪瓦、喀麦隆、刚果（金）等国家。这些国家以贸易流通为主，然后是种植。

拉美地区投资环境优先顺序依次为巴西、厄瓜多尔、秘鲁、巴布亚新几内亚、哥斯达黎加、哥伦比亚等国家。欧美等的发达国家在这些国家的棕榈油生产中渗透深入。建议我国企业与发达国家企业合作拓展延伸相关业务。

表7-7　棕榈油投资环境指数

区　　域	国家	投资环境指数
"一带一路"沿线区域	印度尼西亚	2.48
	马来西亚	1.92
	泰国	1.28
非洲地区	加蓬	0.19
	尼日利亚	0.13
	加纳	0.05
	多哥	—0.20
	贝宁	—0.34
	利比里亚	—0.48
	塞拉利昂	—0.57
	科特迪瓦	—0.84
	喀麦隆	—0.96
	刚果（金）	—1.45

（续）

区 域	国家	投资环境指数
	巴西	2.29
	厄瓜多尔	0.43
	秘鲁	0.07
拉美地区	巴布亚新几内亚	−0.43
	哥斯达黎加	−0.54
	哥伦比亚	−0.59
	危地马拉	−1.32

（6）棉花

棉花产业对外投资以"一带一路"沿线国家和非洲为主。

从表7-8可以看出，"一带一路"沿线区域内投资环境优先顺序依次为乌兹别克斯坦、哈萨克斯坦、巴基斯坦、伊朗、土库曼斯坦等国家。"一带一路"沿线国家棉花产量年均增长率为1.4%，低于世界平均水平（2.5%）。我国在已有合作的基础上，应加强贸易物流建设。

表7-8 棉花投资环境指数

区 域	国家	投资环境指数
	乌兹别克斯坦	−0.08
	哈萨克斯坦	−0.17
	巴基斯坦	−0.26
	伊朗	−0.48
	土库曼斯坦	−0.60
"一带一路"沿线区域	澳大利亚	−0.65
	印度	−0.67
	孟加拉国	−0.79
	缅甸	−0.89
	塔吉克斯坦	−1.06
	埃及	−0.21
非洲地区	加纳	−0.46
	尼日利亚	−0.46
	马里	−0.51

（续）

区　　域	国家	投资环境指数
非洲地区	科特迪瓦	−0.53
	马拉维	−0.54
	坦桑尼亚	−0.66
	苏丹	−0.80
	莫桑比克	−0.86
	刚果（金）	−0.88
	津巴布韦	−1.09

非洲地区投资环境优先顺序依次埃及、加纳、尼日利亚、马里、科特迪瓦、马拉维、坦桑尼亚、苏丹、莫桑比克、刚果（金）、津巴布韦等国家。我国走出去的主要任务是提供优良棉种和农机、化肥等物资，进行棉花种植技术示范和推广、双边企业合作项目技术升级改造和产业链拓展等。

（7）甘蔗

从表7-9可以看出，"一带一路"沿线区域内投资环境优先顺序依次为澳大利亚、马来西亚、泰国、印度、印度尼西亚、越南、巴基斯坦、孟加拉国、菲律宾、缅甸等国家。澳大利亚是世界上主要甘蔗生产大国之一，甘蔗种植、加工技术世界领先，云南省农业科学院甘蔗研究所与澳大利亚开展国际科技合作研究，下一步将加强甘蔗国际合作研究，特别是甘蔗种苗培育、加工等合作。

表7-9　甘蔗投资环境指数

区　　域	国家	投资环境指数
"一带一路"沿线区域	澳大利亚	2.27
	马来西亚	0.65
	泰国	0.12
	印度	0.03
	印度尼西亚	0.01
	越南	−0.18
	巴基斯坦	−0.40
	孟加拉国	−0.58
	菲律宾	−0.66
	缅甸	−0.92

（续）

区　　域	国家	投资环境指数
非洲地区	南非	0.05
	埃及	−0.17
	厄瓜多尔	−0.52
	秘鲁	−0.60
	危地马拉	−1.16
	加纳	−1.26
拉美地区	巴西	0.64
	阿根廷	0.58
	巴拉圭	−0.75
	哥伦比亚	−0.90
	委内瑞拉	−0.91

非洲地区投资环境优先顺序依次南非、埃及、厄瓜多尔、秘鲁、危地马拉、加纳等国家。

拉美地区投资环境优先顺序依次为巴西、阿根廷、巴拉圭、哥伦比亚、委内瑞拉等国家。

（8）大豆

从表 7-10 可以看出，"一带一路"沿线区域内投资环境优先顺序依次为印度、俄罗斯、乌克兰、哈萨克斯坦。这些国家国内大豆增长潜力大，受到欧盟、日韩市场的关注。我国走出去的主要任务是加强与当地在大豆种子、加工、仓储物流方面的合作。

表 7-10　大豆投资环境指数

区　　域	国家	投资环境指数
"一带一路"沿线区域	印度	0.10
	俄罗斯	0.03
	乌克兰	−0.33
	哈萨克斯坦	−0.76
非洲地区	南非	−0.14
	尼日利亚	−1.31
	津巴布韦	−1.52
拉美地区	巴西	0.47
	阿根廷	0.46
	巴拉圭	−0.33
	乌拉圭	−0.75

非洲地区投资环境优先顺序依次南非、尼日利亚、津巴布韦等国家。非洲大豆种植面积约 140 万公顷，占世界大豆种植面积的 1.3%；产量约 130 万吨，占世界大豆产量的 1.2%。在非洲各国中，南非大豆生产发展最快、面积最大，尼日利亚次之。虽然我国大豆进口量较大，但我国暂不允许进口南非生产的大豆，包括转基因与非转基因大豆。因此非洲大豆以供应当地或其他国家为主，我国应加强与其在大豆种子、仓储、物流方面的合作。

拉美地区投资环境优先顺序依次为巴西、阿根廷、巴拉圭、乌拉圭等国家。我国走出去的主要任务是继续全产业链种植，特别是豆油加工、仓储物流建设，并加强与益海嘉里集团等大型企业的合作。

(9) 牛肉

从表 7-11 可以看出，"一带一路"沿线区域内投资环境优先顺序依次为澳大利亚、俄罗斯、印度、土耳其、巴基斯坦、哈萨克斯坦、乌克兰等国家。这些区域具有牛肉生产和深加工合作的基础生产条件和市场条件，未来可在饲料生产、兽医兽药、屠宰加工、检验检疫领域开展合作。

表 7-11　牛肉投资环境指数

区　　域	国家	投资环境指数
"一带一路"沿线区域	澳大利亚	1.82
	俄罗斯	0.16
	印度	−0.32
	土耳其	−0.42
	巴基斯坦	−0.68
	哈萨克斯坦	−0.84
	乌克兰	−0.84
非洲地区	埃及	−0.74
	尼日利亚	−0.83
	苏丹	−1.64
拉美地区	巴西	0.59
	阿根廷	0.07
	哥伦比亚	−0.48
	巴拉圭	−0.78
	乌拉圭	−0.89

非洲地区投资环境优先顺序依次埃及、尼日利亚、苏丹等国家。我国走出去的主要任务是与当地合作开展饲料生产、种牛、防疫等全产业链建设。

拉美地区投资环境优先顺序依次为巴西、阿根廷、哥伦比亚、巴拉圭、乌拉圭等国家。阿根廷牛肉的最大出口国是中国。中哥两国质检部门签署了哥伦比亚冷冻牛肉输华议定书。今后的合作以防疫、加工仓储物流、贸易为主。

（10）羊肉

从表7-12可以看出，"一带一路"沿线区域内投资环境优先顺序依次为澳大利亚、印度、俄罗斯、土耳其、哈萨克斯坦、孟加拉国、巴基斯坦、伊朗等国家。合作以羊肉深加工为主，完善流通体制。

表7-12　羊肉投资环境指数

区　　域	国家	投资环境指数
"一带一路"沿线区域	澳大利亚	3.74
	印度	1.23
	俄罗斯	1.00
	土耳其	0.44
	哈萨克斯坦	−0.29
	孟加拉国	−0.56
	巴基斯坦	−0.60
	伊朗	−0.87
非洲地区	埃及	−0.53
	尼日利亚	−0.69
	埃塞俄比亚	−1.25
	苏丹	−1.62

非洲地区投资环境优先顺序依次埃及、尼日利亚、埃塞俄比亚、苏丹等国家。合作以改善当地的供应品质和仓储物流等建设为主。

（11）生鲜乳

从表7-13可以看出，"一带一路"沿线区域内投资环境优先顺序依次为澳大利亚、俄罗斯、印度、土耳其、乌克兰、巴基斯坦、哈萨克斯坦等国家。合作以品牌创建、加工、仓储物流为主。

非洲地区投资环境优先顺序依次埃及、苏丹、埃塞俄比亚等国家。

拉美地区投资环境优先顺序依次为巴西、阿根廷、哥伦比亚等国家。

表 7 - 13　生鲜乳投资环境指数

区　域	国家	投资环境指数
"一带一路"沿线区域	澳大利亚	1.40
	俄罗斯	0.22
	印度	0.00
	土耳其	−0.25
	乌克兰	−0.59
	巴基斯坦	−0.89
	哈萨克斯坦	−1.01
非洲地区	埃及	−0.89
	苏丹	−1.44
	埃塞俄比亚	−1.52
拉美地区	巴西	0.00
	阿根廷	−0.03
	哥伦比亚	−0.58

(12) 远洋渔业

我国渔业在世界上占有重要地位，已成为全球海洋渔业第一大国。

从表 7 - 14 可以看出，"一带一路"沿线区域内投资环境优先顺序依次为马来西亚、印度尼西亚、印度、俄罗斯、越南、巴基斯坦等国家。合作以捕捞和深加工为主。沿海国家为了保护本国资源，普遍提高了渔业合作的门槛，相继调整渔业政策，将提供渔业设施等作为进行捕捞合作的先决条件，以支付捕捞许可费进行捕捞合作的单一合作方式难以为继，我国企业将面临经营成本大大增加的艰难局面。如印度尼西亚从 2007 年 7 月开始结束允许外国渔船购买捕捞许可证进行捕捞的合作方式，改为要求外国企业只有在印度尼西亚建立合资公司，投资建设渔业设施，开展捕捞、加工和水产养殖等的综合合作，才能在其海域捕鱼。

表 7 - 14　远洋渔业投资环境指数

区　域	国家	投资环境指数
"一带一路"沿线区域	马来西亚	−0.18
	印度尼西亚	−0.31
	印度	−0.33
	俄罗斯	−0.35
	越南	−0.75
	巴基斯坦	−0.79

（续）

区　　域	国家	投资环境指数
非洲地区	摩洛哥	0.30
	毛里塔尼亚	0.29
	几内亚	0.10
	几内亚比绍	0.09
	塞拉利昂	0.07
	塞内加尔	0.65
	加纳	0.53
	加蓬	0.41
	喀麦隆	0.20
	安哥拉	0.10
	南非	−0.29
拉美地区	阿根廷	−0.03
	巴西	−0.25
	秘鲁	−1.10

　　非洲地区投资南非、西非渔场，特别是西非渔场。西非渔场是我国国际渔业合作的传统渔场，合作以巩固提升现有的合作为主，同时加强兴建码头、冷库、加工厂等方面的合作。

　　拉美地区投资环境优先顺序依次为阿根廷、巴西、秘鲁等国家。重点是巩固过洋性远洋拖网渔业、大洋性大型拖网渔业、远洋光诱鱿鱼钓渔业、金枪鱼延绳钓渔业等，可开展码头、冷库等合作建设。

第八章

措施与建议

一、创新完善并落实支持政策

围绕农业走出去需求，结合《国务院办公厅关于促进农业对外合作的若干意见》落实情况和现有政策条件，集中创设集财政支持、金融保险、贷款贴息、外汇管理、检验检疫、配额分配、信息服务、人才集聚为一体的支持政策，并贯彻落实。

创新和完善财政支持制度。现有相关强农惠农政策向符合条件的农业走出去企业倾斜。一是创新金融服务制度。放宽融资条件，对走出去的企业，凡具备上市条件的，优先推荐进入资本市场融资，支持和鼓励有条件的企业进入国际资本市场直接融资；优先推荐农业走出去企业申报农业产业化国家重点龙头企业、国家高新技术产业化推进项目、农产品精深加工项目和技术改造贴息项目，从国家外汇储备中列支更多资金用于支持境外农业开发项目建设，鼓励有关金融机构在贷款金额、担保条件、贷款利率、期限等方面进一步加大对境外农业项目的支持，研究制定国内银行对企业海外土地、厂房等境外资产作抵押的融资制度，提供个性化、一揽子的金融服务。创新拓展人民币回流机制，加快金融组织体系建设，探索涉外经济发展的外汇管理模式，促进贸易投资便利化。二是建立和完善保险体系。鼓励保险公司设立专门针对农业对外投资的保险险种，主要承保企业在境外农业投资过程中可能发生的政治、汇率、自然灾害等风险。三是完善并落实税收优惠政策。避免双重征税，对外农业投资企业在还没有签订避免双重征税协定的国家和地区已缴纳法人税、所得税的，在国内应对纳税额予以抵扣；对于农业对外投资项目出口的生产资料、设备等，应提供通关便利，减免出口环节税费；对于能弥补国内特殊资源（如棕榈油、橡胶等）不足的投资，在产品返运回国时减少或取消相应的关税和增值税，在贷款上给予特殊的优惠。

二、强化多双边机制保障

将农业对外开放合作纳入多双边投资谈判、政策协调、交流研讨框架中，就农业发展战略与政策加强对话交流，共同制定推进农业合作规划和措施，协商解决合作中的问题，共同为务实合作提供政策支持。与重点国家和地区建立健全、补充完善或尽快签订各项投资及贸易保护协定，加强金融、税收、通关、检验检疫、人员往来等方面合作，为进一步实施农业走出去、消除外部障碍创造有利条件。充分发挥现有双边高层合作机制作用，推动与重点国家和地区建立高水平、常态化农业合作机制。深化与国际机构的交流与合作，充分利用二十国集团、亚太经合组织、上海合作组织、联合国亚洲及太平洋经济社会委员会、亚洲合作对话、阿拉伯国家联盟及中国-东盟、澜沧江-湄公河合作等现有涉农多边机制，深化与世界贸易组织、联合国粮食及农业组织、世界动物卫生组织、国际植物保护组织、国际农业发展基金、联合国世界粮食计划署、国际农业研究磋商组织等交流合作，加强与世界银行、亚洲开发银行、金砖国家开发银行、亚洲基础设施投资银行、丝路基金合作，探索利用全球及区域开发性金融机构创新农业国际合作的金融服务模式，积极营造开放包容、公平竞争、互利共赢的农业国际合作环境。

三、打造相关服务平台

一是加强信息服务能力建设。建设信息服务系统，构建境外投资农业企业数据库，将国内外有关部门制定的相关政策及时反馈给企业；了解境内外企业需求，为走出去企业提供服务；建立国别信息共享平台，方便走出去企业了解目标国政治、法律、贸易、经济、税收、劳工、社会环境、宗教、习俗等信息。二是建立技术咨询服务平台。协助企业制定资本、市场、人才等国际化战略，培育一批市场化、专业化、国际化发展的本土跨国公司。三是重点项目可纳入双边合作。引导企业在资本走出去的同时，加强品牌、技术、标准、服务、文化走出去。四是学习掌握相关规则。引导企业熟悉和利用有关国际规则，提高投资运作的国际化水平；学习掌握国际经贸新规则、新标准，为涉农国际标准、规则、公约的谈判与制定工作提供建议。建立农业走出去行业协会。促进上下游不同企业、涉农企业和非农企业、国有企业和民营企业之间组建联盟或协会，推动企业间分享经验、共享资源、加强合作、抱团出海、互通信息，促进农业走出去健康有序稳步发展。建立企业信用评价体系。探索建立走出去企业信用评价体系，以适当方式对外公布或推荐信用状况良好的企业。五是建立农产品出口基地与物流平台。加快标准化农产品出口基地建设，拓展农业发展空间，引导农业企业开拓国际市场扩大出口，提高农产品国际市场竞争力。建立健全海关监管、检验检疫、退税、跨境支付、物流等服务系统，发挥港口码头的物流仓储、保税等功能，发展交易结算、现货和期货交割、冷链物流等现代物流业，打通农产品境内外运转通道。六是开展宣传与培训。宣传东道国国家政策、税收、法律、贸易、经济、税收、劳工、社会环境、宗教、习俗等；定期与驻外使领馆对接，推动国际交流与合作；境内外联合开设培训机构，培训引进来和走出去技术、管理人员。

四、发挥"两区"建设的示范和推动作用

2016 年，为加快实施"一带一路"倡议和农业走出去，我国决定在"一带一路"沿线以及境外其他重点区域组织开展农业合作示范区建设，在国内沿海、沿江、沿边等条件成熟地区组织开展农业对外开放合作试验区建设试点，并遴选公布了 18 家境外示范区和 10 家国内试验区作为首批"两区"建设试点。"两区"建设对于推动企业抱团走出去、发挥境外产业集聚和平台带动效应、提升农业境外投资效率和风险应对能力，以及整合国内优势资源和开发条件、打造农业优势产能国际合作、促进国内农业转型升级具有重要意义。为此，农业对外合作部级联席会议办公室牵头，从制定优惠政策和管理措施、创新财政税收和金融保险支持、加强科技支撑和人才培训、构建信息服务和技术咨询平台、强化多双边合作机制保障等方面制订出台了优惠政策，有效推进了"两区"建设。以"两区"建设为统领，促进农业对外合作向东南亚、中亚等周边国家和"一带一路"沿线国家集聚，不断巩固和提升向非洲和拉美等区域的其他发展中国家和地区的投资，全力拓展向中东欧、西欧、北美、大洋洲和南太平洋等区域的发达国家和地区的投资。

五、加强农业全产业链投资

突出企业主体地位，发挥跨国涉农企业集团的龙头作用，积极推进境外农业全产业链投资布局，以巩固我国农业走出去在周边国家和其他发展中国家的相对优势，提升我国企业的全球话语权和国际竞争力。一是建立境外生产基地和加工、仓储物流设施，合理布局全产业链投资和全球供应体系，以形成相对集中的若干全球性生产基地，在取得规模效应的同时，辐射若干区域市场。二是努力突破性利用境外自然资源、技术资源。一方面，选择发展中国家，充分利用其自然资源，获得比较利益；另一方面，走入发达国家，利用其技术性资源，获取创造性资产，逐步迈入高附加值领域。三是采取循序渐进、分步实施策略，先选择发达国家跨国公司势力较薄弱的周边市场积累我们的力量，待条件成熟并有机会后再向发达国家的核心市场拓展。四是重视全球视野能力的培养，不断提高企业跨国经营管理水平，不断加强投资风险的识别与规避能力。

附 录
APPENDIX

附录1 首批境外农业合作示范区建设试点名单

首批境外农业合作示范区建设试点名单见附表1-1。

附表1-1 首批境外农业合作示范区建设试点名单

序号	项　　目	组织实施企业
1	塔吉克斯坦-中国农业合作示范园	新疆利华棉业股份有限公司
2	莫桑比克-中国农业技术示范中心	湖北省联丰海外农业开发集团有限责任公司
3	江苏-新阳嘎农工贸现代产业园（坦桑尼亚）	江苏海企技术工程股份有限公司
4	乌干达-中国农业合作产业园	四川友豪恒远农业开发有限公司
5	亚洲之星农业产业合作区（吉尔吉斯斯坦）	河南贵友实业集团有限公司
6	苏丹-中国农业合作开发区	中国山东国际经济技术合作公司
7	老挝-中国现代农业科技示范园	深圳华大基因科技有限公司
8	柬埔寨-中国热带生态农业合作示范区	海南顶益绿洲生态农业有限公司
9	斐济-中国渔业综合产业园	山东俚岛海洋科技股份有限公司
10	赞比亚农产品加工合作园区	青岛瑞昌科技产业有限公司

附录2　首批农业对外开放合作试验区建设试点名单

首批农业对外开放合作试验区建设试点名单见附表2-1。

附表2-1　首批农业对外开放合作试验区建设试点名单

序号	名　称	组织实施单位
1	琼海农业对外开放合作试验区	海南省琼海市人民政府
2	热带农业对外开放合作试验区	中国热带农业科学院
3	连云港农业对外开放合作试验区	江苏省连云港市人民政府
4	吉林中新食品区农业对外开放合作试验区	吉林（中国-新加坡）食品区管理委员会
5	吉木乃农业对外开放合作试验区	新疆维吾尔自治区吉木乃县人民政府
6	饶平农业对外开放合作试验区	广东省饶平县人民政府
7	潍坊农业对外开放合作试验区	山东省潍坊市人民政府
8	东宁农业对外开放合作试验区	黑龙江省东宁市人民政府
9	荣成农业对外开放合作试验区	山东省荣成市人民政府
10	滨海新区农业对外开放合作试验区	天津市滨海新区人民政府

附录 3　农业对外合作百强企业名录

农业对外合作百强企业名录见附表 3-1。

附表 3-1　农业对外合作百强企业名录

序号	企业名称
1	中粮集团有限公司
2	光明食品（集团）有限公司
3	海南天然橡胶产业集团股份有限公司
4	新希望六和股份有限公司
5	山东如意科技集团有限公司
6	中化国际（控股）股份有限公司
7	雷沃重工股份有限公司
8	中国化工农化有限公司
9	中国水产有限公司
10	湖南大康国际农业食品股份有限公司
11	广东省广垦橡胶集团有限公司
12	内蒙古伊利实业集团股份有限公司
13	广东海大集团股份有限公司
14	通威股份有限公司
15	上海水产集团有限公司
16	云南农垦云橡投资有限公司
17	如皋市双马化工有限公司
18	山东美佳集团有限公司
19	一拖国际经济贸易有限公司
20	中国农垦集团有限公司
21	新疆生产建设兵团建设工程（集团）有限责任公司
22	天津食品集团有限公司

（续）

序号	企业名称
23	锦昉棉业科技有限公司
24	北京颖泰嘉和生物科技股份有限公司
25	天津聚龙嘉华投资集团有限公司
26	辽宁禾丰牧业股份有限公司
27	广东恒兴饲料实业股份有限公司
28	内蒙古鹿王羊绒有限公司
29	宏东渔业股份有限公司
30	福建易成纯生态产业股份有限公司
31	湖北省联丰海外农业开发集团有限责任公司
32	东风井关农业机械有限公司
33	山东百佳食品有限公司
34	青岛瑞昌科技产业有限公司
35	东宁华信经济贸易有限责任公司
36	云南精谷科技有限公司
37	晨光生物科技集团股份有限公司
38	春申股份有限公司
39	深圳华大基因农业控股有限公司
40	山东七河生物科技股份有限公司
41	吉林省海外农业投资开发集团有限公司
42	袁隆平农业高科技股份有限公司
43	河南省黄泛区实业集团有限公司
44	中国山东国际经济技术合作公司
45	广西荣冠远洋捕捞有限公司
46	吉林省金达海外农业开发投资有限公司
47	玖久丝绸股份有限公司
48	中非农业投资有限责任公司

（续）

序号	企业名称
49	安徽荃银高科种业股份有限公司
50	宁夏沃福百瑞枸杞产业股份有限公司
51	北京中垦绿粮油有限公司
52	江苏红旗种业股份有限公司
53	山东五征集团有限公司
54	北京中农富通园艺有限公司
55	蒙阴万华食品有限公司
56	北大荒米业集团国际米业（北京）有限公司
57	云南昌胜达投资有限公司
58	绥芬河良运农产品开发有限公司
59	福清市绿叶农业发展有限公司
60	北京华农农业工程技术有限公司
61	重庆粮食集团海宁福地投资有限公司
62	烟台中宠食品股份有限公司
63	浙江鼎慈进出口有限公司
64	宁夏金福来羊产业有限公司
65	宝清县米斯农业技术服务有限责任公司
66	上海中房置业股份有限公司
67	普洱市众和橡胶有限公司
68	中地海外农业发展有限公司
69	安徽江淮园艺种业股份有限公司
70	上海布鲁威尔食品有限公司
71	保山市隆茂农业开发有限公司
72	抚远金良现代农业有限公司
73	宁夏香岩产业集团有限公司
74	天津天隆农业科技有限公司

（续）

序号	企业名称
75	淄博新农基作物科学有限公司
76	荣成市海洋渔业有限公司
77	仲衍种业股份有限公司
78	江苏杰龙农产品加工有限公司
79	海南顶益绿洲生态农业有限公司
80	四川农大高科农业有限责任公司
81	福建金山都发展有限公司
82	绥芬河市宝国经贸有限责任公司
83	北京中农牧贸易有限公司
84	广西万川种业有限公司
85	玉溪德商农业投资有限公司
86	宁夏泰金种业股份有限公司
87	山东潍坊润丰化工股份有限公司
88	青海清华博众生物技术有限公司
89	山东绿健生物技术有限公司
90	九圣禾种业股份有限公司
91	好当家集团有限公司
92	秦皇岛成隆冷冻食品有限公司
93	山东御苑生物科技有限公司
94	广东雄集进出口集团有限公司
95	江苏明天种业科技股份有限公司
96	广东温氏大华农生物科技有限公司
97	内蒙古富源国际实业（集团）有限公司
98	上海都市绿色工程有限公司
99	哈尔滨维科生物技术开发公司
100	河南黄国粮业股份有限公司

资料来源：中国农业国际交流协会，2017。

附录 4　国内外企业农业对外投资案例

一、广垦橡胶对东南亚的投资

布局方式为资源寻求型，主要开展天然橡胶全产业链建设。主要布局在东南亚国家，有一定的话语权和控制权。

广东省广垦橡胶集团有限公司（以下简称广垦橡胶）是农业农村部直属垦区广东农垦下属的专门从事天然橡胶产业的专业化集团公司，是广东省农业产业化龙头企业，也是广东省委重点培育的本土跨国集团。橡胶集团集天然橡胶种苗培育、天然橡胶种植、加工、销售贸易和科研开发于一体，拥有完整的天然橡胶产业体系。公司成立于 2002 年，注册资本 16.2 亿元，在国内外共拥有天然橡胶研究机构及天然橡胶产业公司共 32 家，其中境外资产总额 20 多亿元，拥有经营项目 20 个，主要分布在泰国、马来西亚、印尼、柬埔寨、新加坡等东南亚国家。

通过近年来的建设，广垦橡胶海外产业布局已经基本完成，现在境外拥有橡胶生产经营项目 20 个，主要分布在泰国（9 个）、马来西亚（5 个）、印尼（1 个）、柬埔寨（4 个）、新加坡（1 个）等东南亚国家，形成了种苗、种植、加工、贸易全产业链的局面。境外资产总额 20 余亿元。主要是泰国广垦橡胶（沙墩）有限公司、泰国广垦橡胶（董里）有限公司、泰国广垦橡胶（湄公河）有限公司、泰国广垦橡胶（泰东）有限公司、泰国广垦橡胶（泰南）有限公司、泰国广垦橡胶（春蓬）有限公司、泰国广垦橡胶（帕侬）有限公司、马来西亚广垦橡胶（砂捞越）工业有限公司、印尼广垦橡胶（坤甸）有限公司等 9 个橡胶加工项目（2 个在建），马来西亚广垦橡胶（婆联）有限公司、马来西亚广垦橡胶（砂捞越）有限公司、马来西亚广垦橡胶（砂捞越）种植有限公司、广垦橡胶（柬埔寨）有限公司、柬埔寨春丰橡胶有限公司等 5 个种植橡胶项目，广垦（柬埔寨）农业科技有限公司、马来西亚广垦橡胶（砂捞越）种苗有限公司等 2 个种苗项目，泰国广垦橡胶销售有限公司、广垦橡胶（新加坡）有限公司等 2 个贸易项目，泰国总公司、广垦国际（柬埔寨）有限公司等 2 个管理公司。上述项目建成后，境外橡胶加工能力将达到 41 万吨，天然橡胶种植面积达到 100 万亩。目前，海外已经形成天然橡胶产能 33 万吨，种植天然橡胶 16 万亩。

资金投入情况。广垦橡胶海外项目截至 2015 年 4 月底，项目已完成投资 16.96 亿元，其中中方投资 15.53 亿元。项目计划投资总额达到 71.47 亿元，其中中方投资 61.8 亿元，外方投资 9.67 亿元。

1. 布局选点

全球天然橡胶主要分布在亚洲。全球种植面积和产量近年来分别保持在 1 300 万公顷、1 000 万吨左右，2014 年产量达 1 227.5 万吨，消费量为 1 190 万吨，亚洲种植面积占到 91% 左右，产量占到 93% 左右。

广垦天然橡胶产业合作项目根据产业主产区的特点，主要选择在泰国、马来西亚、印度尼西亚、柬埔寨等东南亚国家选点布局，在当地建立天然橡胶产业基地，促进当地经济发展的同时，促进周边国家与我国经贸关系及战略伙伴关系的进一步发展。

2. 布局领域

广垦橡胶产业坚持走全产业链发展战略，将广垦天然橡胶产业发展成涵盖种苗、种植、加工、销售及天然橡胶下游产品全产业链集团，成为全球种植面积最大、年产胶量最大、产业链最长的专业化集团。

二、中非棉业对非洲的投资

公司通过新建、合资、并购等方式在非洲进行棉花全产业链开发，涉及设备输出、技术输出等。

1. 公司现状

中非棉业发展有限公司是中非发展基金、青岛瑞昌棉业有限公司、青岛汇富纺织有限公司三方于 2009 年共同出资在香港注册成立的有限公司，计划总投资 6 472 万美元，已投资约 5 968 万美元，并以其作为母公司，投资控股非洲多个国家的棉花项目。

2. 布局国家

投资国家覆盖到马拉维、莫桑比克、赞比亚、津巴布韦。公司主要致力于棉花种子研发、棉花种植及收购加工、纺织、食用油生产等，以"公司＋农户"的方式开展棉花生产，是在非洲直接合同种植、收购、加工棉花的我国企业。

该项目是落实中非论坛北京峰会对非 8 项政策措施下启动的，顺应了我国企业走出去的大趋势，是目前我国在非洲最大的农业投资项目，我国政府对此十分重视，采取特殊措施，保证项目正常运行，为非洲人民创造了巨大的财富和更多的收益。

中非棉业发展有限公司依托非洲丰富的水土光照资源、气候干旱少雨，得天独厚的棉花种植条件。从良种培育发放、技术种植、籽棉采摘到皮棉加工、包装、储运，全部过程均由我国专家指导；所有生产设备均采用我国目前最先进的机型，适合高档纺纱技术要求的轧花工艺及优良的管理，从而确保皮棉含水低、三丝少、含杂少以及适纺范围广、好配棉、批次差异小等，各项指标与国际优质棉相媲美。公司已经与世界多家纺纱集团建立供货关系，在国际市场赢得赞誉。

中非棉业发展有限公司致力于投资非洲、扶持非洲农业发展，帮助非洲提高农业生产力。目前，公司已经在非洲设有 7 个轧花厂、2 个榨油厂、1 个稀硫酸脱绒棉种加工厂，年收购籽棉 10 万余吨，惠及 20 万当地农户，直接雇用当地员工 1 800 余人，利用土地数十万公顷，不仅带动了非洲各国棉花产业的发展，也给当地人民提供了充足的就业机会，受到所在国政府及我国政府的高度赞扬。

中非棉业马拉维有限公司是中非棉业发展有限公司在马拉维投资建立的全资子公司。通过引进我国先进的技术及一流的设备，并充分利用马拉维当地的农业条件和人力资源，开展棉种培育，棉花种植收购、加工和销售，棉籽榨油及食用棉籽油的销售，棉副产品的销售，低等级棉花纺纱及销售等多项业务。

中非棉业莫桑比克有限公司是由中非棉业发展有限公司在莫桑比克投资成立的全资子公司，是集棉花种植、加工、棉籽榨油、气流纺纱、物流为一体的综合企业。公司坐落于莫桑比克的贝拉市，充分利用当地的地理条件、人力资源以及自然优势，大力开发农业；依托贝拉港的港口优势，发展物流产业。公司秉承传播中非友谊、致力推动非洲农业发展以及提高莫桑比克农民生活水平的原则。目前，在莫桑比克获得专属土地面积达 70 万公顷，有 5 万农户为我们服务，雇用当地员工 600 余人。目前，公司已经收购在莫桑比克经营数百年的法国 CNA 公司，扩大了我国企业在莫桑比克的影响力，已成为莫桑比克三大棉花种植加工企业之一。该项目的设立不仅是我国企业走出去的典范，也是我国与莫桑比克加深友谊的桥梁。它不单纯是一个我国投资非洲的合作项目，也是我国企业将先进的技术带到非洲、发展非洲的具体体现。该项目从建设到投产一直受到中莫两国政府及社会各方面的高度关注，公司将抓紧时间加大投资力度，为中莫友谊做出贡献。

中非棉业赞比亚棉花有限公司是中非棉业发展有限公司投资的全资子公司，以赞比亚优越的棉花生产条件为依托，是集棉花种植、加工、销售以及棉油提炼为一体的大型企业。公司的建立不仅带动了赞比亚棉花产业的发展，也给当地人民提供了充足的就业机会，有 9 万多户棉农为公司提供服务，涉及种植面积达 10 万多公顷。公司在赞比亚建立了 2 个棉花加工厂，年生产加工能力 4 万吨；1 个榨油厂，年产精炼食用油 4 000 吨。公司使用国内一流的轧花设备，所加工的棉花质量已达到国际先进水平，在同行业竞争中处于领先位置。2013 年 9 月，中非棉业赞比亚棉花有限公司种子车间建成投产，设计年生产能力 5 000 吨。未来，该公司将立足现有产业基础，开展集种子优化、棉花育种、种植收购、轧花、榨油及加工和销售等在内的多项业务，形成完整产业链，实现集聚发展。

中非棉业赞比亚种业有限公司于 2013 年 9 月建成并投产，设计年生产能力 4 000 吨以上。公司采用我国实用育种技术将非洲已退化的棉花品种进行提纯扶壮，培育出了高抗性、高产量且更适合在非洲自然条件下生长的优质棉花品种。公司开业当年生产棉种 2 000 余吨，出口至南部非洲发展共同体国家 1 000 余吨，运营当年即取得了较好的经济效益。

中非棉业津巴布韦有限公司。棉花作为津巴布韦最重要的农副产品，是津巴布韦数百万农民最主要的经济来源之一。2014 年，中非棉业利用自身优势，整合资源，并购了津巴布韦的 2 个棉花公司，成立了中非棉业津巴布韦棉花有限公司，正式进入津巴布韦棉花市场，一举成为津巴布韦的第二大棉花企业。目前，公司在津巴布韦设有 2 个轧花厂，合计年产能力 8 万余吨，雇佣当地员工 600 余人，约有 7 万多农户为公司提供服务，涉及种植面积达 10 万多公顷。公司正与津巴布韦棉花公司合作建立 1 个种子繁育基地，进一步占领棉花种子在南部非洲的市场。同时，加大宣传力度，拓展销售渠道，形成完整棉花产业链，提高棉产品附加值。

三、美国邦吉公司的对外投资

美国邦吉公司（Bunge）是 1818 年成立于荷兰阿姆斯特丹的农业和食品企业，公司业务涵盖化肥、农业、食品业、糖业和生物能源 4 个方面。目前，公司是巴西最大的谷物出口商、美国第二大大豆产品出口商、第三大粮食出口商、第三大大豆加工商、最大油料作物加工商，为全球四大粮商之一。邦吉发展历程分为 3 个阶段：

第一阶段（1818 年到 1918 年）：以粮食谷物出口贸易为核心，并涉足粮食加工领域，打造邦吉粮商贸易王国。

第二阶段（1918 年到 1999 年）：南北美均衡发展，"农业＋食品＋化肥"三大业务并进。

第三阶段（1999 年至今）：在全球范围内进行并购、合作，业务进一步多元化，从农场到终端的一体化产业链条日趋成熟。

邦吉集团能成为全球粮商的核心要素在于其构建的"农资＋农场＋终端"产业闭环模式。

1. 农资方面

邦吉以巴西为中心开展化肥业务，生产各种肥料、饲料、营养剂、添加剂，向农民提供化肥、种子、农药、农用器械。另外，向农户推广农业现代科技方法，提供农业生产技术支持；

2. 农场方面

邦吉基于在南美的发展优势，经营大规模农场，种植粮食、小麦等初级农产品，控制农产品原料，谋求可持续发展；

3. 终端环节

邦吉积极构建物流网络，在主要城市兴建港口，同时，成立全球营销部门，使农产品、油类产品、糖类产品、品牌食品以较低成本销往世界各地，成功实现在主要城市兴建港口。

附录 5　乌干达-中国农业合作产业园

"乌干达-中国农业合作产业园"是依托农业农村部农业"南南合作"项目平台，通过"专家探路、政府搭台、企业出海"在乌干达落地。计划总投资2.2亿美元，打造集农技研发培训、良种繁育推广、作物种植、畜禽养殖、农产品加工、农机服务、农产品贸易、电商物流一体化的农业全产业链园区，直接带动50万亩、辐射100万亩农地发展现代农业。产业园由农业农村部对外经济合作中心规划设计，科虹乌干达实业发展有限公司负责建设，被农业农村部、FAO誉为"南南合作"可持续发展典范。

一、完整的产业链保障了可持续发展

目前，园区共投资2 158万美元，分别由8个专业化项目公司运营8个不同的项目，涉及农业产前、产中、产后等各个环节，较为完整的产业链条已初步成型。在种植业方面，包括有产前的农资供给、产中环节的种植项目及技术服务、产后环节的加工项目；在养殖业方面，有蛋鸡养殖项目、饲料加工项目及鸡粪处置项目。在销售环节，安排有农贸市场建设项目（附表5-1）。

附表 5-1　园区项目建设一览表

项目分类	产业链环节	项目名称	投资额（万美元）	建设进度
种植业	产前	仲衍乌干达种业有限公司	100	2015年2月注册
	产中	水稻种植项目	170	2016年3月种植300亩，2016年7月种植1 200亩，现已种植21 000亩
	产后	PEYERO（佩耶罗）大米加工厂项目	151	2016年10月30日全面运营
	产后	核心园区日100吨大米加工项目	530	2018年9月建成并投产
养殖业	产前	饲料加工厂项目	227	2018年建成并投产
	产中	30万只蛋鸡养殖一期项目	909	2017年9月建成，12月投入第一批鸡苗
	产后	日处理40吨鸡粪项目	50	2017年9月建成投入使用

（续）

项目分类	产业链环节	项目名称	投资额（万美元）	建设进度
服务业	产后	农产品贸易市场项目	21	2016 年 12 月已建成，正在使用中
投资总计	—	—	2 158	—

二、"五区"格局彰显了科学布局

园区于 2015 年 8 月在乌干达卢韦罗区取得 5 748 亩土地使用权，截至目前，已建成了中乌农业合作产业园大框架，在乌干达实现了"五区"格局，即：卢韦罗核心区、古卢大米加工区、首都农资销售区、卢卡亚水稻种植区、布塔莱贾水稻制种区。

1. 卢韦罗核心区

离首都 80 千米处卢韦罗区面积 5 784 亩的核心园区，由乌干达通往南苏丹国际公路贯穿其中。已完成基础性建设，达到水、电、路全通；修建了 2 700 平方米集办公、培训、检验、住宿、食堂等一体的综合区，在国内采购 102 台套农机已在乌干达第一次实现了水稻种植全程机械化；开垦了 4 200 亩水稻种植展示与示范片，在 2017 年生产稻谷 2 000 余吨，创乌干达历史平均单产 498.3 千克/亩纪录；370 亩面积的 30 万只蛋鸡养殖场、日加工 100 吨的大米加工厂和饲料厂已建设完成正式投产。

2. 古卢大米加工区

由公司与乌干达当地企业合作创办的古卢区 PEYERO（佩耶罗）大米加工厂离南苏丹 43 千米，面积 14 亩，日加工稻谷 100 吨，吸引当地大米加工厂 7 户和当地若干农户入驻的 5 000 余平方米的大米销售市场已形成。

3. 首都农资销售区

由国内外企业联合在首都堪培拉建设的加工厂房、仓库面积 2 000 平方米，形成了乌干达最大的种子、肥料、农药、农机等农资销售门市面积 1 220 平方米，部分产品销售势头良好，蔬菜种子销售已占领乌干达市场 13％份额，拓展了冈比亚、布隆迪、肯尼亚三国种子市场，水稻、玉米杂交种子品质和生产技术赢得市场的充分认可。

4. 卢卡亚水稻种植区

为了充分利用维多利亚湖的优势水利、土地资源，与乌干达中方企业合作在卢卡亚区，租赁 99 年、面积 3 万亩的水稻种植区，现已开垦种植水稻 16 万余亩，单产达到 510 千克/亩以上。

5. 布塔莱贾水稻制种区

园区在乌干达东部布塔莱贾区租赁水稻田面积 600 亩，可扩展面积 2 万亩的水稻制种区。2017 年已试验水稻制种 20 亩，单产达到 210 千克/亩，培训出 9 名水稻制种技术员。目前，水稻制种面积为 600 亩，已解决了园区自用水稻种子需求。

三、招商引资形成了"洼地效应"

园区是四川在海外首次实质性落地的农业园区，也是中国投资人在乌干达建设的首个以农业为主的现代化产业园。优越的自然禀赋和庞大的市场需求吸引了国内外投资者，投资"洼地效应"不断显现。在不到 1 年的时间里，园区招商引资总额达 1 567 万美元。入驻园区企业有新希望集团有限公司、仲衍种业股份有限公司、四川省绿科禽业有限公司、成都市棒棒娃实业有限公司、四川张飞牛肉有限公司等，投资额为 1 340 万美元，占总投资额的 85.51%；2 名自然人入驻园内，投资额为 227 万美元，占比为 14.49%。中资企业和个人投资为 1 517 万美元，外资投资 50 万美元（附图 5-1）。此外，联合国粮食及农业组织已计划将东非共同体农产品电子商务平台建设在核心园区内，公司目前正积极争取乌干达从事水稻种植面积 5 000 亩的中国公司纳入园区统一管理。

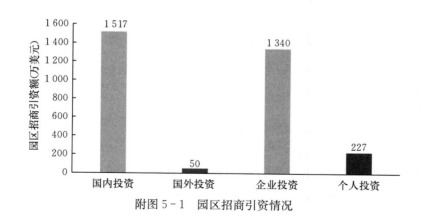

附图 5-1　园区招商引资情况

四、市场开拓成效明显

园区以市场需求确定产品和产量，努力拓宽销售渠道，组建当地的市场开拓专业团队，在乌干达、卢旺达、冈比亚和布隆迪等国家建立了稳定的销售体系。部分产品销售势头良好，蔬菜种子销售已占领乌干达市场13％份额，成功打开了冈比亚、布隆迪两国种子市场，水稻、玉米杂交种子品质和生产技术赢得市场的充分认可，园区 PEYERO（佩耶罗）大米加工厂与乌干达国防部签订了年提供 10 500 吨大米的合同。年均实现销售收入 1 676.1 万美元，其中，种子销售 805.7 万美元，占总销售收入的 48.07％；大米销售收入 687 万美元，占比为 40.99％；核心饲料销售收入为 126.9 万美元，占比为 7.57％；稻谷销售收入 35.5 万美元，占比为 2.12％；其他产品销售收入 21 万美元，占比为 1.25％（附图 5-2）。

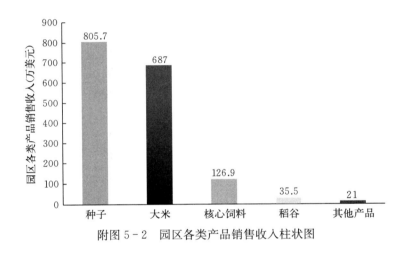

附图 5-2　园区各类产品销售收入柱状图

五、园区影响力与日俱增

园区建设是以"南南合作"为基础，是双边政府鼓励并支持的民生基础性工程，不仅得到了中国政府的支持，还得到了乌干达政府的大力鼓励。2014年 8 月，乌干达农业部与四川省农业厅举行了"乌干达-中国农业合作产业园洽谈会"，签署了建设"乌干达-中国农业合作产业园"备忘录、"乌干达-中国农业合作产业园合作备忘录"。乌方已经在乌干达农业部成立专业机构负责与四川省农业厅、援外项目办进行沟通，2016 年 4 月乌干达总统穆塞韦尼亲自参加园区开工典礼（附图 5-3、附图 5-4）。

自项目建设以来，初见成效，在四川的影响力逐步扩大。在各地政府的推动下，四川的一批企业对投资乌干达产生了浓厚的兴趣，先后有成都市棒棒娃实业有限公司、四川张飞牛肉有限公司、广安禾诚林业等与该公司签订了共同投资乌干达的协议和合作投资意向。

附图5-3　有关领导参加乌干达-中国农业合作产业园奠基仪式

附图5-4　乌干达总统穆塞维尼参加乌干达-中国农业合作产业园奠基仪式

乌干达-中国农业合作产业园在论证与规划中，一致认为科技创新是农业国际竞争日趋激烈背景下保持公司核心竞争力的重要支撑。园区充分利用国内的优势技术与产业，强调科技的本土化与国际化的有机结合，采取了加快独立科技创新与研发、加速推广应用、引进高端人才等一系列措施，形成了在短短的几年中大力发展的强力势头（附图5-5、附图5-6）。

附图 5-5　当地农民在乌干达-中国翻耕播一体化田间作业

附图 5-6　乌干达-中国农业合作产业园机械化水稻收割

参考文献
REFERENCES

程国强，2013. 全球农业战略基于全球视野的我国粮食安全框架 [M]. 北京：中国发展出版社.

崔军 . 2016. 中国农业对外合作与企业境外投资路径选择 [R]. 北京：农业农村部规划设计研究院 .

蒋国俊，2004. 产业链理论和稳定机制研究 [D]. 重庆：西南财经大学 .

刘贵富，2006. 产业链基本理论研究 [D]. 吉林：吉林大学 .

刘洋，罗其友，周振亚，等 . 2018. 我国主要农产品供需分析与预测 [J]. 中国工程科学，20 (5)：120 - 127.

孟岩，马俊乐，徐秀丽，2016.4 大粮商大豆全产业链布局及对中国的启示 [J]. 世界农业 (1)：62 - 67.

万宝瑞，2012. 加快实施农业走出去战略 [J]. 江苏农村经济 (7)：7 - 7.

王常伟，吴志华，2008. 从嘉吉公司看我国粮食物流的症结 [J]. 粮食与饲料工业 (2)：15 - 17.

夏青，2013. 全产业链：跨国粮商的掘金利器 [J]. 农业经济杂志 (5)：74 - 78.

周建军，2013. 跨国资本与大豆垄断：专访香港中文大学讲座 [J]. 现代国企研究 (9)：22 - 39.

朱天美，2012. 四大粮商进入中国农业以及涉农产业的方式及影响研究 [D]. 北京：对外经济贸易大学 .

图书在版编目（CIP）数据

中国农业走出去空间选择 / 赵跃龙等著 . —北京：
中国农业出版社，2020.9
ISBN 978 - 7 - 109 - 27211 - 8

Ⅰ.①中… Ⅱ.①赵… Ⅲ.①农业合作－国际合作－
研究－中国 Ⅳ.①F323

中国版本图书馆 CIP 数据核字（2020）第 155738 号

中国农业出版社出版
地址：北京市朝阳区麦子店街 18 号楼
邮编：100125
责任编辑：杨晓改 文字编辑：张田萌
版式设计：王 晨 责任校对：吴丽婷
印刷：北京中兴印刷有限公司
版次：2020 年 9 月第 1 版
印次：2020 年 9 月北京第 1 次印刷
发行：新华书店北京发行所
开本：700mm×1000mm 1/16
印张：7.25
字数：150 千字
定价：58.80 元